Landesabitur 2012
Originalprüfungen
Geschichte
Gymnasium/Gesamtschule

Autor:
Frank Gallus (Lösungsvorschläge Originalprüfungen)

HESSEN

LANDESABITUR 2012

Originalprüfungen

Geschichte

Prüfungsaufgaben mit Lösungen

GYMNASIUM/GESAMTSCHULE

Cornelsen

Die in diesem Werk angegebenen Internetadressen haben wir überprüft (Redaktionsschluss: 01. 07. 2011). Dennoch können wir nicht ausschließen, dass unter einer solchen Adresse inzwischen ein ganz anderer Inhalt angeboten wird.

Herausgeber: Bibliographisches Institut GmbH, Mannheim
Marketing & Vertrieb: Cornelsen Schulverlage Marketing GmbH, Berlin

Bibliografische Information der Deutschen Nationalbibliothek
Die Deutsche Nationalbibliothek verzeichnet diese Publikation in der Deutschen Nationalbibliografie; detaillierte bibliografische Daten sind im Internet über http://www.dnb.de abrufbar.
Das Wort Cornelsen ist für die **Cornelsen** Verlag GmbH als Marke geschützt.

1. Auflage.
Projektleitung: Katja Kurzweg
Redaktion: Dr. Birgit Scholz, Berlin
Konzeption der Innengestaltung: Beate Schubert u. Uta Eickworth, Berlin
Umschlagentwurf: Patricia Müller, Berlin
Gesamtgestaltung: Dagmar & Torsten Lemme, Berlin
Druck und Bindearbeiten: CPI – Clausen & Bosse, Leck
Printed in Germany
ISBN 978-3-06-150140-2

Gedruckt auf säurefreiem Papier,
umweltschonend hergestellt aus chlorfrei gebleichten Faserstoffen.

Inhaltsverzeichnis

PRÜFUNGSAUFGABEN 2011 GK

LÖSUNGSVORSCHLAG 2011 GK

PRÜFUNGSAUFGABEN 2010 LK

LÖSUNGSVORSCHLAG 2010 LK

PRÜFUNGSAUFGABEN 2011 LK

LÖSUNGSVORSCHLAG 2011 LK

GK = Grundkurs
LK = Leistungskurs

Seiten (OP/L)	Materialien	Aufgabentyp	Thema
	Textquellen		
36/42	Rede von Reichspropagandaminister Joseph Goebbels vor Vertretern der internationalen Presse (1933)	Problemerörterung mit historischer Quelle	Nationalsozialismus und Demokratie
39/48	Memorandum Henry Morgenthaus Jr. an Präsident Roosevelt (1945)	Problemerörterung mit historischer Quelle	Strategien zum politischen Umgang mit Deutschland
54/64	Wieland: Betrachtungen über die gegenwärtige Lage des Vaterlandes (1793)	Problemerörterung mit historischer Quelle	Ursachen von Revolutionen
58/70	Anita Lasker-Wallfisch: Ihr sollt die Wahrheit erben (1996)	Problemerörterung mit historischer Quelle	Holocaust und die Politik d Bundesrepublik Deutschlan
82/88	Alfred Rosenberg über die Französische Revolution (1939)	Problemerörterung mit historischer Quelle	Nationalsozialistische Ideol und Französische Revolutio
85/94	Schreiben des amerikanischen Handelsministers Henry A. Wallace an Präsident Truman (1946)	Problemerörterung mit historischer Quelle	Die Entstehung des Kalten Krieges
100/110	Franz Mehring über die Arbeiterbewegung im Kaiserreich (1910)	Problemerörterung mit historischer Quelle	Industrialisierung und die R der Arbeiterbewegung
104/116	Arthur Moeller van den Bruck: Das dritte Reich (1923)	Problemerörterung mit historischer Quelle	Konservatismus und nation sozialistischer „Führerstaat
106/122	Flugblatt einer Plauener Gruppe der oppositionellen Bürgerbewegung in der DDR (1989)	Problemerörterung mit historischer Quelle	Der Zusammenbruch der DDR 1989
	Tabellen und Grafiken		
100/110	Die industrielle Produktion 1780 – 1888; Beschäftigte nach Wirtschaftssektoren (Deutschland); Stimmen für die SPD bei den Reichstagswahlen 1871 – 1912	Problemerörterung mit historischer Quelle	Industrialisierung und die Rolle der Arbeiterbewegung
	Karikaturen		
54/64	„Das Erwachen des Dritten Standes", Karikatur (1789)	Problemerörterung mit historischer Quelle	Ursachen von Revolutionen
	Historische Darstellungen		
18/24	Schieder: Begriff, Typus und Verlaufsformen der Revolution (1972)	Problemerörterung mit historischer Darstellung	Revolutionen im Vergleich
21/30	Rede des Bundespräsidenten Richard von Weizsäcker bei einem Staatsakt in Bonn (1989)	Problemerörterung mit historischer Darstellung	Der Weg zum Grundgesetz und die Weimarer Verfassu
61/76	Helmut Kohl über den Fall der Mauer und die deutsche Wiedervereinigung (2009)	Problemerörterung mit historischer Darstellung	Die Außenpolitik Konrad Adenauers und die deutsch Wiedervereinigung

Für Schnelle:
Sie müssen mindestens 1 Originalprüfung mit Lösungsvorschlägen pro Aufgabenbereich gelesen haben.

	Original-prüfung	Lösung	bearbeitet/ gelesen am			Kommentar
0 GK						
0 GK						
1 GK						
1 GK						
0 LK						
0 LK						
1 LK						
1 LK						
1 LK						
1 LK						
1 GK						
9 GK						
9 GK						
1 GK						

Für Gründliche:
Sie sollten mindestens 1 Originalprüfung pro Aufgabenbereich gelesen und gelöst haben.

Liebe Abiturientin, lieber Abiturient!

Im Frühjahr ist es so weit: Sie werden Ihre Abiturprüfung ablegen! Dieses Buch hilft Ihnen, sich effektiv auf den schriftlichen Prüfungsteil vorzubereiten.
Wir haben es so aufgebaut und geschrieben, dass Sie selbstständig damit arbeiten können. Das Buch enthält die zentral gestellten Originalprüfungen der letzten Jahre aus Ihrem Bundesland. Sie können also die typischen Aufgabenarten kennenlernen und üben. Auf diese Weise bereiten Sie sich ganz gezielt auf Ihre Abiturprüfung vor!

Wie sind die **Originalprüfungen** aufgebaut?

Hinweise zu den Prüfungsbestimmungen: Hier findet man in Kürze alle wichtigen Informationen rund um die Prüfung: den Ablauf, die Prüfungsteile usw.
Originalprüfungen und Lösungsvorschläge: Diese sind nach Jahrgängen sortiert. Man findet abwechselnd immer zuerst die zentral gestellten Originalprüfungen des Kultusministeriums und dann die Lösungsvorschläge, die wir für Sie erarbeitet haben.

Was ist das Besondere an diesem Buch?

Die **Originalprüfungen** lassen sich dosieren: für Schnelle und für Gründliche.
Für Schnelle: Wenn Sie schnell einen Überblick brauchen, lesen Sie erst die Prüfungen, notieren einige Lösungsansätze und vergleichen sie dann mit den Lösungsvorschlägen. Natürlich ist hier der Übungseffekt geringer.
Für Gründliche: Wenn Sie sich intensiver vorbereiten wollen, lesen Sie die Prüfungen und versuchen Sie, diese vollständig zu lösen. Bei Schwierigkeiten helfen die Lösungshinweise und Tipps. Erst zum Schluss vergleichen Sie Ihre Lösung mit der im Buch. Denken Sie daran, den Schnell-Check am Ende ehrlich auszufüllen. Dann sehen Sie, wo noch Übungsbedarf besteht.

	OP lesen	**Lösung lesen**	**OP selbst lösen**	**Tipps nutzen und Lösungen vergleichen**
Zeitfaktor	👍	👍👍	👍👍👍	👍👍👍👍
Lernfaktor	👍	👍👍	👍👍👍	👍👍👍👍
Prüfungserfolg	👍👍	👍👍👍👍	👍👍👍👍👍👍	👍👍👍👍👍👍👍👍

Klar ist: Je gründlicher Sie sich vorbereiten, umso besser werden Sie beim Abitur abschneiden!

Was ist das Besondere an den Lösungsvorschlägen?

Für dieses Buch haben erfahrene Lehrerinnen und Lehrer extra leicht verständliche und gut gegliederte Lösungen zu den Originalprüfungen geschrieben. In den Lösungsvorschlägen finden Sie auch viele **Tipps** und **Hinweise**, die die beste Herangehensweise erklären und Ihnen in der Abiturprüfung helfen werden.

Wie finde ich mich in den Originalprüfungen zurecht?

Eine gute Orientierung ist das **Inhaltsverzeichnis**, in dem man schnell die gewünschten Jahrgänge und Teilbereiche der Prüfungen findet.
In der **Übersicht** auf der vorigen Doppelseite können Sie gezielt nach bestimmten Themen und Aufgabentypen suchen.
Die **Kopfzeile** ganz oben im Buch lässt sofort erkennen, in welchem Prüfungsjahrgang man ist. Außerdem sehen Sie, ob Sie sich in den Prüfungen oder in den Lösungsvorschlägen befinden – und in welchem Teilbereich/welcher Aufgabe.
Weiterhin findet man vor jeder Aufgabe eine Mini-Tabelle. Dieser können Sie auf einen Blick wichtige Informationen zu der folgenden Prüfungsaufgabe entnehmen (z. B. zum Thema oder dem Aufgabentyp).

Woher weiß ich, ob ich schon gut vorbereitet bin?

  Die **Schnell-Checks** helfen Ihnen, Ihre Fähigkeiten selbst einzuschätzen. Sie finden sie immer am Ende der Lösungsvorschläge. Seien Sie hier ehrlich zu sich und markieren Sie, wie Sie abgeschnitten haben.
Bei  sollten Sie natürlich weiterüben. Tipps, die beim Weiterüben helfen, haben wir gleich dazugeschrieben.

Mit welchen Büchern kann ich noch üben?

Da das Abitur Ihre bisher wichtigste Prüfung ist, wollen Sie sich vielleicht noch intensiver vorbereiten. Mit **Abitur-Wissen** erhalten Sie noch mehr Material zum Wiederholen und können so Ihrem Wunschprüfungsergebnis näher kommen.

Viel Erfolg!

Hinweise zu den Prüfungsbestimmungen

Allgemeines zum zentralen Landesabitur

2007 wurde in Hessen das Zentralabitur eingeführt. Das bedeutet, dass alle Abiturienten, die sich für ein bestimmtes Fach zur schriftlichen Prüfung gemeldet haben, am gleichen Tag dieselben Prüfungsaufgaben gestellt bekommen. Zentral geprüft werden die beiden Leistungskurse und die Fächer des dritten schriftlichen Prüfungsfaches. Die beiden mündlichen Prüfungsfächer, von denen eines durch eine Präsentation oder eine besondere Lernleistung ersetzt werden kann, werden nicht zentral geprüft und sind nicht Gegenstand dieses Buches. Die Aufgaben des Zentralabiturs sind sowohl den Lehrkräften als auch den Prüflingen unbekannt. Daher gibt es keine Möglichkeit für die Lehrkraft, bei der Vorbereitung auf das Abitur den prüfungsrelevanten Stoff einzuschränken oder Schwerpunkte zu setzen.

Welche Themen werden geprüft?

Im schriftlichen Abitur Geschichte wird das geprüft, was inhaltlich im Laufe der Qualifikationsphase (Q-Phase) im Lehrplan zwischen Q1 und Q3 (früher 12/I und 13/I) als verbindliches Thema vorgeschrieben ist. Die Inhalte von Q4 (13/II) finden keine Berücksichtigung im Zentralabitur. Der Lehrplan unterscheidet zwischen verbindlichen und fakultativen Unterrichtsinhalten und Aufgaben. Fakultativ bedeutet, dass diese Unterrichtsinhalte nicht im Unterricht behandelt werden mussten und daher im Zentralabitur keine (bzw. nicht in der beschriebenen Tiefe) Berücksichtigung finden. Außerdem enthält der Lehrplan Themen, die nur im Leistungskurs (mit „LK“ gekennzeichnet) gelernt werden müssen.

Welche Themen im Unterricht behandelt werden sollten, erfahren Sie auf der Internetseite des Hessischen Kultusministeriums (www.kultusministerium-hessen.de; zuletzt aufgerufen am 20. 6. 2011). Relevant sind hier in erster Linie die Lehrpläne (für 2012 noch G9, ab 2013 G8), darüber hinaus die Abschlussprofile am Ende dieser Lehrpläne und der jeweilige Erlass des Kultusministeriums, die sogenannten „Hinweise zur Vorbereitung auf die schriftlichen Abiturprüfungen im Landesabitur“ für das Jahr 2012. In diesem Erlass sind die verbindlichen Unterrichtsinhalte des Lehrplanes aufgeführt, auf die sich die Prüfungsaufgaben schwerpunktmäßig (!) beziehen werden.

Die Themen der schriftlichen Abiturprüfung sind online verfügbar und werden jedes Jahr aktualisiert, daher sind sie in diesem Buch nicht eigens abgedruckt.

Wie sind die Prüfungsvorschläge aufgebaut?

Die Art der Aufgabenstellung kennen Sie bereits aus den schriftlichen Klausuren der gymnasialen Oberstufe. In der Regel sind es drei, maximal vier Prüfungsaufgaben pro Prüfungsvorschlag, die unter Verwendung von Operatoren (Schlüsselwörtern) formuliert wurden und sich auf einen oder zwei Aufgabenbereiche beziehen.
Gemäß den „Einheitlichen Prüfungsanforderungen in der Abiturprüfung“ (kurz EPA) kommen drei Aufgabenarten als Bearbeitungsgrundlage infrage:

- **Aufgabenart 1:** Darstellung historischer Sachverhalte in Form einer historischen Argumentation auf der Grundlage von Quellen
- **Aufgabenart 2:** Eine mit Textarbeit kombinierte produktorientierte Bearbeitung von Aufgabenstellungen (Entwerfen von Reden, Briefen, Strategien etc.)
- **Aufgabenart 3:** Textquellen zusammen mit Bildquellen

Vereinfacht bedeutet dies, dass Sie drei verschiedene Prüfungsvorschläge vorgelegt bekommen, die als Grundlage entweder ein oder zwei Texte (historische Quelle oder Darstellung), aber auch z. B. einen Text und eine Bildquelle enthalten, auf die sich dann die einzelnen Teilaufgaben beziehen. (Hinweis: Möglicherweise kennen Sie aus dem Unterricht andere Begriffe: „Primärquelle“ [für Quelle], „Sekundärquelle“ oder „Sekundärliteratur“ [für Darstellung]; in diesem Band werden einheitlich die Begriffe „Quelle“ und „Darstellung“ verwendet.)
Der Hauptunterschied zu den Ihnen bereits bekannten Oberstufenklausuren ist der thematische Übertrag: Jeder Prüfungsvorschlag hat einen thematischen Schwerpunkt aus dem Thema eines Halbjahres (z. B. Q1) und einen thematischen Übertrag aus einem anderen Halbjahresthema (z. B. Q3). Sowohl der Inhalt als auch die Aufgabenstellung der Abiturprüfung ist also komplexer, als Sie es bisher gewohnt waren. Die Aufgabenauswahl in diesem Buch wird Ihnen helfen, sich auf diese Art der Aufgabenstellung vorzubereiten.

Was sind Operatoren und Anforderungsbereiche?

Die Prüfungsaufgaben des Zentralabiturs werden mit sogenannten Operatoren (Schlüsselwörtern) gestellt. Damit soll gewährleistet werden, dass die Aufgabenstellung für alle Abiturienten eindeutig ist, sowohl hinsichtlich des Arbeitsauftrages als auch der Leistung, die von Ihnen verlangt wird. Damit Sie den Umgang mit Operatoren lernen und üben können, sind diese auch bei den Aufgaben der Oberstufenklausuren zu verwenden. Besteht hier noch Übungsbedarf, sollten Sie bei der Arbeit mit den Abiturvorschlägen in diesem Buch die Liste mit den Operatoren hinzunehmen. Eine solche Operatorenliste steht Ihnen im Übrigen auch während der Abiturprüfung zur Verfügung.
Außerdem ist wichtig zu wissen, dass jedes Fach eigene Operatoren hat, bei manchen Fächern sind die Operatoren zusammengefasst (im Fach Geschichte dieselben wie im gesamten Fachbereich II).

Jeder Operator ist einem der drei Anforderungsbereiche (AFB) zugeordnet. Die Anforderungsbereiche bauen aufeinander auf und prüfen verschiedene Fähigkeiten und Fertigkeiten ab. Im Folgenden ist eine Auswahl von Operatoren zur Verdeutlichung ihres Gebrauchs aufgeführt. Die vollständige Liste mit Beispielen finden Sie auf der Homepage des Hessischen Kultusministeriums.

Operatoren im **Anforderungsbereich I** (Reproduktion)

zusammenfassen	Ausgehend von einem Einleitungssatz die wesentlichen Aussagen eines Testes komprimiert und strukturiert darlegen
wiedergeben	Informationen aus dem vorliegenden Material unter Verwendung der Fachsprache in eigenen Worten ausdrücken

Hier fällt auf, dass der Operator „zusammenfassen" von Ihnen verlangt, Aussagen des Textes, die der Autor unter Umständen an verschiedenen Stellen erwähnt, zu erkennen und zusammenzufassen, also zu kürzen und zu reorganisieren. Dagegen verlangt der Operator „wiedergeben" keine inhaltliche Kürzung und auch keine Reorganisation des Autorentextes. Ziel ist hier zu zeigen, dass Sie die Thesen des Autors verstanden haben und mit eigenen Worten wiedergeben können (Fachvokabular soll verwendet, aber nicht erläutert werden).

Operatoren aus dem **Anforderungsbereich II** (Reorganisation und Transfer eigenen Wissens)

anwenden	Einen bekannten Sachverhalt oder eine bekannte Methode auf etwas Neues beziehen
erläutern/erklären	Materialien, Sachverhalte oder Thesen ggf. mit zusätzlichen Informationen und Beispielen verdeutlichen, in einen Zusammenhang einordnen und begründen
vergleichen/ gegenüberstellen	Nach vorgegebenen oder selbst gewählten Gesichtspunkten problembezogen Gemeinsamkeiten, Ähnlichkeiten und Unterschiede ermitteln und darstellen

Die Operatoren des Anforderungsbereiches II verlangen von Ihnen, bekanntes Wissen oder Sachverhalte (aus Ihrem Schulunterricht) in einen neuen Zusammenhang zu bringen. Hier sollen Sie zeigen, dass Sie in der Lage sind, Ihr Wissen nicht nur wiederzugeben, sondern so zu organisieren, dass der Bezug zu diesem neuen Sachverhalt deutlich wird. Beim Operator „erläutern" wird außerdem verlangt, dass Sie etwas ausholen und z. B. den geschichtlichen Hintergrund einer These aufzeigen oder die Idee darstellen, die zu einem wichtigen Ereignis führte. Es ist möglich, dass sich Operatoren auf zwei Anforderungsbereiche (hier: AFB II und III) beziehen, so z. B. der Operator „vergleichen". Das hängt damit zusammen, dass hier bereits durch den Operator Teile eines anderen Anforderungsbereiches abgeprüft werden können.

Operatoren aus dem **Anforderungsbereich III** (Reflexion und Problemlösung)

beurteilen	Zu einem Sachverhalt oder einer Aussage unter Verwendung von Fachwissen und Fachmethoden Stellung nehmen, um zu einer begründeten Einschätzung zu gelangen
diskutieren/sich auseinandersetzen mit	Zu einer Problemstellung oder These eine Argumentation entwickeln, die zu einer begründeten Bewertung führt

An diesen beiden Operatoren lassen sich gut Unterschiede zu anderen Operatoren verdeutlichen. Beim Operator „beurteilen“ müssen Sie zwar Stellung zu einem Sachverhalt beziehen, im Gegensatz zum ähnlichen Operator „bewerten“ müssen Sie dabei aber nicht noch zusätzlich Ihre eigenen Bewertungsmaßstäbe darlegen. Beim Operator „diskutieren“ müssen Sie z.B. einen Argumentationsstrang, bestehend aus Pro und Kontra, zu einer These entwickeln und zum Schluss Ihr Urteil begründen. Beim Operator „erörtern“ soll die Vielschichtigkeit einer These beleuchtet werden; das bedeutet unter Umständen, dass mehr als zwei verschiedene Sichtweisen oder Deutungen möglich sind.
Der Operator verrät Ihnen nicht nur, wie Sie die Aufgabe bearbeiten sollen, sondern kann in der Prüfung auch ein entscheidender Faktor beim eigenen Zeitmanagement sein.

Wie läuft die Prüfung ab und welche Hilfsmittel sind erlaubt?

Am Tag Ihrer schriftlichen Abiturprüfung finden sich die Schülerinnen und Schüler rechtzeitig in den Prüfungsräumen ein. Die Anwesenheit wird festgestellt und Sie werden gefragt, ob Sie sich gesundheitlich in der Lage fühlen, die Abituraufgaben zu bearbeiten. Die Entscheidung, aus gesundheitlichen Gründen von der Prüfung zurückzutreten, muss vor der Ausgabe der Prüfungsunterlagen erfolgen. Bitte nehmen Sie das Recht wahr, den Nachprüfungstermin zu nutzen, wenn Sie am Prüfungstag wirklich krank sind. Sollten Sie sich bereits zu Hause krank fühlen, verständigen Sie das Sekretariat. Sie benötigen in beiden Fällen ein ärztliches Attest, um die Nachprüfung in Anspruch nehmen zu können.
Die eigentliche Prüfung dauert im Grundkurs drei Zeitstunden (180 Minuten), im Leistungskurs vier Zeitstunden (240 Minuten). Ihnen werden drei Aufgabenvorschläge (A–C) vorgelegt, aus denen Sie einen während der Einlesezeit (45 Minuten) auswählen sollen. Auf die beiden anderen Entwürfe schreiben Sie Ihren Namen und geben sie an den Prüfer zurück. Der von Ihnen ausgewählte Prüfungsvorschlag wird in den Prüfungsunterlagen vermerkt.
Während der Abiturprüfung darf das Handy nicht zur Zeitmessung verwendet werden; bringen Sie einen Wecker mit und legen Sie fest, zu welchem Zeitpunkt Sie eine Aufgabe bearbeitet haben wollen (Zeitmanagement).

Als Hilfsmittel steht Ihnen ein deutsches Wörterbuch zu, das in der Regel von der Schule gestellt wird. Dieses hilft Ihnen bei der Bewältigung von Rechtschreibunsicherheiten, um den Fehlerindex und den damit verbundenen möglichen Punktabzug möglichst gering zu halten. Außerdem können Sie beim aufsichtführenden Lehrer eine Operatorenliste einsehen.

Wie gehen Sie am besten an die Aufgaben heran und worauf sollten Sie bei der Bearbeitung achten?

Für die Auswahl des Prüfungsvorschlags, den Sie bearbeiten wollen, stehen Ihnen 45 Minuten zur Verfügung. Hier gibt es nun mehrere Strategien: Entweder Sie schauen lediglich auf die Themen und überfliegen die dazugehörige Aufgabenstellung und wählen dann relativ schnell einen Prüfungsvorschlag. Dann steht Ihnen die restliche Einlesezeit bereits zur Bearbeitung zur Verfügung. Oder Sie lesen die Aufgaben jedes Vorschlages genau und lesen die Texte „quer" (überfliegen), dann sollten Sie nach ca. 20 Minuten Ihre Auswahl beendet haben. Die letzte Möglichkeit wäre, die Aufgabenstellung (inklusive Operatoren) und die Texte intensiv zu lesen und sich bereits auf Schmierpapier kurze Notizen zur Lösung zu machen. Dann haben Sie zwar keine Prüfungszeit gewonnen, können aber unter Umständen diese Notizen bereits für die spätere Ausformulierung nutzen. Probieren Sie alle drei Strategien bei den Aufgabenvorschlägen in diesem Buch einmal aus. Dann können Sie ungefähr einschätzen, welche Strategie für Sie das beste Ergebnis bringt. Sicherlich sind auch Mischformen dieser Strategien möglich.
Wichtig ist, dass Sie sich mit Ihrer Entscheidung gut fühlen und sich nicht mehr umentscheiden, wenn Sie Ihre Auswahl getroffen haben. Für den Fall, dass in jedem Aufgabenvorschlag Themen vorkommen, bei denen Sie sich unsicher fühlen, wählen Sie den Vorschlag, den Sie „am wenigsten schlecht" bearbeiten können. Schließlich sind für die Auswahl auch die erreichbaren Punkte interessant, die als „BE" (Bewertungseinheiten) am Rand jeder Aufgabe vermerkt sind. Gibt es für die Aufgabe, die Sie eventuell schlecht lösen können, nur wenige Punkte, fällt dies wahrscheinlich weniger ins Gewicht. Letztlich sollte das, was Sie gut oder sehr gut lösen können, einen Großteil der erreichbaren Punktezahl ausmachen. Sollten Sie eine Aufgabenstellung sachlich überhaupt nicht verstehen, fragen Sie bitte Ihren Prüfer.
Beginnen Sie bei jeder Aufgabe eine neue Seite, damit Sie später noch Ergänzungen einfügen können, ohne mit Querverweisen arbeiten zu müssen.
Verwenden Sie die letzten zehn Minuten der Bearbeitungszeit zum nochmaligen Durchlesen Ihrer Texte, um Rechtschreibung, Zeichensetzung, Grammatik und Ausdruck zu überprüfen.

Wie bereite ich mich auf die Abiturklausur vor?

Wenn Sie mit erfolgreichen Abiturientinnen und Abiturienten sprechen, fällt auf, dass diese sich sorgfältig und planvoll auf die Klausuren vorbereitet haben. Sie sollten bei Ihrer Planung nämlich nicht vergessen, dass Sie im Prüfungshalbjahr (Q4) noch weiterhin Unterricht haben, reguläre Klausuren schreiben und sich parallel dazu auf die Prüfungen des Abiturs vorbereiten müssen. Hier nun ein paar Anregungen, wie Sie die Belastungen gut verteilen können:

- Machen Sie beim Wechsel von Q2 zu Q3 am Ende der Sommerferien einen „Kassensturz". Fassen Sie für mindestens zwei Ihrer geplanten Prüfungsfächer den noch frischen Stoff des vergangenen Schuljahres auf wenigen Seiten zusammen.
- Je früher Sie wissen, in welchen Fächern Sie sich prüfen lassen wollen oder müssen, umso früher können Sie mit Wiederholungen beginnen.
- Heben Sie die Notizen, die Sie für die Vorbereitung Ihrer Klausuren in Q3 angefertigt haben, auf, um sie als Vorbereitungsmaterial für die Abiturklausuren zu benutzen.
- Nutzen Sie die Herbst-, spätestens aber die Weihnachtsferien für Ihre Vorbereitungen, sodass der Vorbereitungsaufwand während der Schulzeit überschaubar bleibt.
- Achten Sie besonders im Prüfungshalbjahr auf gesunde Ernährung (Obst, Getränke), leichte Bewegung/Ausgleich und genügend Schlaf. Lernen Sie nicht mehr am Tag vor der Prüfung.
- Sorgen Sie während der Prüfungszeit für geeignete Verpflegung (Hinweis: Traubenzucker hilft nur kurzfristig; als Getränk eignen sich Mineralwasser oder Saftschorlen).
- Wie wird die Abiturprüfung bewertet und wie viel zählt sie für die Endnote?
- Alle Prüfungsergebnisse werden in vierfacher Wertung berücksichtigt. In drei der fünf Prüfungen müssen mindestens fünf Punkte erreicht werden (Ausgleich über die anderen Fächer). Kein Fach darf mit null Punkten abgeschlossen werden (zählt auch hier als „nicht belegt"). Insgesamt müssen also 100 Punkte erreicht werden: mindestens fünf Punkte pro Fach (inklusive der mündlichen Prüfung, ebenfalls fünf Fächer) mal vierfache Wertung.
- Achten Sie darauf, dass sich die Anzahl Ihrer Rechtschreib-, Zeichensetzungs- und Grammatikfehler in Grenzen hält, denn wegen solcher Fehler können bis zu zwei Punkte abgezogen werden.

Gibt es eine mündliche Prüfung?

Um die Note der Abiturprüfung im Fach Geschichte zu verbessern, ist es möglich, eine zusätzliche mündliche Prüfung abzulegen. Diese ist freiwillig und wird geringer gewichtet als die schriftliche Pflichtprüfung. Die Entscheidung darüber trifft der Schulleiter nach Antrag des Prüfungsausschusses und nach schriftlich geäußertem Wunsch des Prüflings.

Die mündliche Abiturprüfung ist nicht Gegenstand dieses Buches.

HINWEIS Die Prüfung für den LK 2009 wird in diesem Band nicht berücksichtigt.

PRÜFUNGSAUFGABEN 2009 GK

Aufgabentyp	Problemerörterung auf der Grundlage von historischen Darstellungen
Thematischer Schwerpunkt	Gesellschaftliche Veränderungsprozesse am Beginn der Moderne: Die Französische Revolution
Themenübergreifende Bezüge	Wahlweise: ■ Entstehungsbedingungen der Weimarer Republik ■ Die Vereinigung der beiden deutschen Staaten
Thema	Revolutionen im Vergleich
Material	Theodor Schieder: Begriff, Typus und Verlaufsformen der Revolution (1972)

Vorschlag A

Aufgaben

1 Zeigen Sie auf, was Theodor Schieder unter Revolution versteht. (25 BE)

2 Stellen Sie dar, durch welche „krisenhaften Zuspitzungen" die Französische Revolution ausgelöst wurde und welche Ereignisse sie im Laufe des Jahres 1789 „beschleunigten". (30 BE)

3 Überprüfen Sie anhand der Kriterien von Schieder für eine „Totalrevolution" den Grad des politischen und gesellschaftlichen Wandels der Französischen Revolution bis 1794 im Vergleich mit der Novemberrevolution 1918 **oder** der „Wende" in der DDR 1989/90. (45 BE)

Material

Theodor Schieder: Begriff, Typus und Verlaufsformen der Revolution

Revolutionen sind besondere Formen jenes Verlaufsprozesses, den wir als geschichtlichen Wandel bezeichnen. Diesem Wandel sind alle Bereiche des geschichtlichen Daseins unterworfen. Man spricht von politischem, gesellschaftlichem, kulturellem, zivilisatorisch-technischem Wandel, für den das jeweils auslösende Moment auf sehr verschiedenem Gebiet liegen kann. [...]

Die Formen des Wandels selbst wechseln ihrerseits: So gibt es die fast unmerklichen, lang dauernden Entwicklungen, die unter Wahrung von Kontinuität (z.B. bezüglich Institutionen und Organisationen) vor sich gehen, also auf evolutionärem Weg. Evolution, verstanden als langsame Anpassung von Institutionen und Lebensformen an veränderte menschliche Lebensbedingungen (der Umwelt, der Technik usw.), ist nicht gleichzusetzen mit Anpassung durch bewußte Reformen, welche ebensowohl Einsicht in die Notwendigkeit von Veränderungen voraussetzen wie den Willen zur Wahrung der Kontinuität. Wandel kann sich jedoch auch eruptiv vollziehen, in plötzlichen Entladungen und „beschleunigten Prozessen" (J. Burckhardt), so z.B. nach vorhergehenden krisenhaften Zuspitzungen. Durch solche abrupten Vorgänge wird der institutionelle, rechtliche und personelle Zusammenhang einer neuen historischen Phase mit der vorhergehenden gewaltsam unterbrochen. Es ist stets irgendeine dieser Formen von Veränderung, durch die bestehende Rechtsordnungen zerstört und bisher geltende rechtliche und institutionell festgelegte Spielregeln außer Kraft gesetzt werden, welche der Begriff „Revolution" bezeichnet. Gleichzeitig bezeichnet er die Beschleunigung normaler Wandlungsvorgänge und den Austausch von tragenden gesellschaftlichen Führungsgruppen. [...]
Solange Stabilität und Kontinuität sowohl im Bereich der Institutionen selbst wie in dem ihrer ideellen, rechtlichen, politischen und gesellschaftlichen Grundlagen die Norm bildeten, an der sich das Handeln und die Theorie des Handelns orientieren [...], wurde alles Revolutionäre, wie immer man es auch bezeichnen mag, als ein Störungs- und Unruhefaktor empfunden, dessen Einfluß man auszuschalten bemüht war. Wird hingegen die Veränderung zum beherrschenden Zug im Geschichtsprozeß und den Deutungen, die er erhält, so erfährt die Revolution selbst eine Umwertung. Das kann auf längere Sicht dazu führen, daß die Geschichte insgesamt nicht mehr als eine Folge von langsamen Wandlungen unter Wahrung gleichbleibender Grundstrukturen und Aufrechterhaltung von Kontinuität und Tradition (so in geregelter Erbfolge und ständisch verfestigtem sozialem Herrschaftswechsel), sondern als Ergebnis ständiger Veränderungen und Umwälzungen, d.h. als ein dynamischer Prozeß, verstanden wird. [...]
Seit der Französischen Revolution von 1789 [steht] die Bedeutung des Worts als Bezeichnung für totale Veränderung im politischen, sozialen und geistigen Sinn endgültig fest. Erst seither ist die Revolution als historisches Phänomen allgemein ins Bewußtsein gerückt. Im Wortgebrauch dient „Revolution" als Bezeichnung sowohl für einmalige Umsturz-Ereignisse wie zur Kennzeichnung der ganzen seitherigen Epoche. [...]
Je größer der Anwendungsbereich eines Begriffs wird, desto schwieriger ist es, seinen spezifischen Gehalt zu bestimmen. Dies gilt auch für den Begriff „Revolution". Man wird sich daher im einzelnen Fall einer Revolution an die Ereignisse zu halten haben, die im Geschehensablauf durch relativ feste Daten oder Datenketten markiert sind. Diese Ereignisse spielen sich in der Regel innerhalb der politischen Institutionen ab, erfassen aber je nach ihrer Komplexität gesellschaftliche, kulturell-ideologische, materielle Lebensbereiche. Diese Komplexität ist es, die revolutionäre Ereignisse nach ihrer historischen Bedeutung unterscheiden läßt: ein Staatsstreich führt beispielsweise nur einen irregulären Regierungswechsel oder – in der Monarchie

- eine irreguläre Erbfolge herbei, ohne an der Grundstruktur eines politischen und sozialen Systems etwas zu ändern. [...]

Rebellionen können als Form der Wiederherstellung einer bestimmten politischen Struktur und Sozialstruktur, als Akt sozialer Chirurgie verstanden werden, mit dem eine durch Machtmißbrauch von einzelnen oder ganzen Schichten gestörte Ordnung restituiert wird. In der modernen Revolutionssoziologie[1] unterscheidet man solche Vorgänge auf drei Ebenen - auf der Ebene 1. der Regierung, 2. der Regierungsform und 3. der Gesellschaftsverfassung - und bemißt danach den Wirkungsgrad und die Stufe einer revolutionären Aktion. [...]

Die großen modernen Revolutionen sind insofern Totalrevolutionen, als von ihnen alle Bereiche erfaßt und in verschiedenem Grad dauerhaft umgeformt wurden. Ihnen kommen auch Ausstrahlungen über ihren nationalen Ursprungsherd hinaus zu. [...]

Theodor Schieder, Die Theorie der Revolution. In: Sowjetsystem und demokratische Gesellschaft. Eine vergleichende Enzyklopädie, Bd. V, Freiburg/Basel/Wien 1972 [Artikel „Revolution". Erste Abteilung], Sp. 692 - 721, zit. nach: Helmut Lukis (Hrsg.), Revolutionen, Düsseldorf 1982, S. 11 - 13

Hinweise:
Theodor Schieder (1908 - 1984), deutscher Historiker

Die Rechtschreibung entspricht der des Originals

Anmerkungen:
1 Hier gemeint: Gesellschaftswissenschaft, die sich mit Ursachen, Erscheinungsweisen und Folgen von Revolutionen beschäftigt

HINWEIS Vorschlag B wird nicht abgedruckt.

Aufgabentyp	Problemerörterung auf der Grundlage von historischen Darstellungen
Thematischer Schwerpunkt	Konflikt und Kooperation in der Welt nach 1945: Die deutsche Ebene – Teilung und Einheit
Themenübergreifende Bezüge	Weimarer Verfassung, Ursachen des Scheiterns der Weimarer Republik
Thema	Der Weg zum Grundgesetz und die Weimarer Verfassung
Material	Rede des Bundespräsidenten Richard von Weizsäcker bei einem Staatsakt in der Beethovenhalle in Bonn am 24. Mai 1989

Vorschlag C

Aufgaben

1 Fassen Sie zusammen, welche Besonderheiten Richard von Weizsäcker in Bezug auf die Gründung der Bundesrepublik Deutschland hervorhebt. (20 BE)

2 Erläutern Sie, in welcher Weise die Mütter und Väter des Grundgesetzes „Lehren aus verhängnisvollen Schwächen der ersten Republik" gezogen haben. (25 BE)

3.1 Stellen Sie unter Einbeziehung der Quelle dar, welche wesentlichen Entwicklungen und Entscheidungen seit der deutschen Kapitulation zur Gründung der Bundesrepublik Deutschland führten. (25 BE)

3.2 „Unsere Verfassung ist kein Werk der Siegermächte, sondern deutsch." Diskutieren Sie diese These Weizsäckers, indem Sie die Einflussmöglichkeiten westdeutscher Politiker auf die Staatsgründung der Bundesrepublik Deutschland untersuchen. (30 BE)

Material

Aus der Rede des Bundespräsidenten Richard von Weizsäcker bei einem Staatsakt in der Beethovenhalle in Bonn am 24. Mai 1989

Heute vor 40 Jahren trat das Grundgesetz für die Bundesrepublik Deutschland in Kraft. Nach schwerer Vergangenheit hatten Deutsche wieder einen eigenen Staat. Er umfaßte nur einen Teil Deutschlands. Er war nicht souverän. Es herrschte große Not. Aber in dieser Stunde kehrten Deutsche in den Kreis der Völker zurück, die Verantwortung für sich selbst zu tragen. Sie taten diesen Schritt als freie Menschen.

Kaum je ist ein Staat so zur Welt gekommen. Im Zeichen der Spannung zwischen Ost und West war die Initiative von den Besatzungsmächten ausgegangen, vor allem von Amerika. Ein alliierter Auftrag zur Staatsgründung erreichte die Ministerpräsidenten, und diese zögerten. Sie waren Patrioten und wollten die Teilung Deutschlands nicht verfestigen.

Die Weichen waren aber inzwischen durch die neue weltpolitische Lage gestellt. Die Sorgen der Menschen galten den Gefahren aus dem Osten und dem Wiederaufbau zu Hause nach der Währungsreform. Man mußte sich der Wirklichkeit stellen und handeln.

So schufen die Länder und der Parlamentarische Rat trotz ihrer Vorbehalte, die sie ehren, den neuen Bundesstaat. Sie verstanden ihn nicht als Absage an das ganze Deutschland, sondern, wie Theodor Heuß ihn nannte, als Transitorium[1].

Der eigene Wille war dort am stärksten, wo die Selbstbestimmung am größten war: bei den Verfassungsgrundsätzen selbst. Es fehlte zwar nicht an Vorgaben durch die Alliierten und an trefflichen Vorbildern westlicher Demokratien. Was aber die Väter und die vier höchst eindrucksvollen Mütter des Grundgesetzes beschlossen, entsprang ihrer eigenen Überzeugung.

Sie knüpften an deutsche Verfassungen an. Sie selbst zogen Lehren aus verhängnisvollen Schwächen der ersten Republik. Sie handelten im eigenen tiefen Bewußtsein der Notwendigkeit, umzukehren nach dem namenlosen Leid und Unrecht der zurückliegenden Jahre. Unsere Verfassung ist kein Werk der Siegermächte, sondern deutsch.

Am 8. Mai 1945 hatte die Deutsche Wehrmacht bedingungslos kapituliert. Am gleichen Tag vier Jahre später wurde mit der Verabschiedung des Grundgesetzes durch den Parlamentarischen Rat der Weg zu einem deutschen Staat frei, der für Demokratie, Menschenrecht und Frieden einsteht und sich heute in aller Welt Achtung erworben hat. [...]

Richard von Weizsäcker, Reden und Interviews, Band 5, hg. vom Presse- und Informationsdienst der Bundesregierung, Bonn 1989, S. 227 f.

Hinweis:
Die Rechtschreibung entspricht der des Originals.

Anmerkungen:
1 hier im Sinne von: vorübergehender Zustand

LÖSUNGSVORSCHLAG 2009 GK

Lösungsvorschlag Vorschlag A

A.1 Zeigen Sie auf, was [...] Schieder unter Revolution versteht.

HINWEIS Formulieren Sie eine Einleitung, charakterisieren Sie kurz den Text und geben Sie die Grundaussagen Schieders mit eigenen Worten kurz und unkommentiert wieder.

Lösungsschritte zu Aufgabe A.1

1	Den Text sehr aufmerksam durchlesen, Hinweise beachten
2	Beim zweiten Durchlesen Schlüsselbegriffe (z. B. „Evolution“ oder „Reform“) und gedankliche Absätze markieren
3	Zu Beginn der eigenen Textwiedergabe einen einleitenden Satz formulieren, der über Textsorte, Autor, Erscheinungsjahr, Thema und Inhalt informiert
4	Den Text in einigen Sätzen charakterisieren (wissenschaftliche Darstellung, Bewertung ihrer Aussagekraft, Zielsetzung, Zeitumstände, evtl. Wirkung, evtl. Sprache)
5	Die Aussagen Schieders zur Revolution strukturiert zusammenfassen
6	Die Einleitung (3 + 4) überprüfen, ob sie die Punkte Ihrer Ausführungen wiedergibt
7	Die eigenen Ausführungen abschließend auf sprachliche Richtigkeit und Verständlichkeit prüfen; Rechtschreibung, Zeichensetzung und Grammatik beachten

Stichpunktlösung zu Aufgabe A.1

Einleitung und Charakterisierung des Textes

In seinem Lexikon-Artikel „Begriff, Typus und Verlaufsformen der Revolution“ (1972) thematisiert der Historiker Theodor Schieder die Definition des Begriffs „Revolution“, indem er dessen Charakteristik aufzeigt und ihn von den Begriffen „Reform“ und „Putsch“ abgrenzt. Der Text ist eine wissenschaftliche Darstellung, die einen Beitrag zur Revolutionsforschung leisten will und dazu auch die Erkenntnisse der Revolutionssoziologie (Z. 50) heranzieht.

Zusammenfassung

- Schieder ordnet den Begriff „Revolution“ in die Formen des geschichtlichen Wandels ein, dem alle Bereiche des täglichen Lebens unterworfen seien (Z. 1–4)

- Im Gegensatz zur „evolutionären Entwicklung“, bei der sich spätere Prozesse und Abläufe fast unmerklich aus den vorherigen ergäben, sieht Schieder in der „Reform“ einen bewussten Akt, der sich aus der Einsicht in die Notwendigkeit von Veränderung herleite. Beide Begriffe seien auch von Kontinuität geprägt (Z. 6–12)
- Bei der „Revolution“ vollziehe sich ein gewaltsamer, plötzlicher und „beschleunigter Prozess“, bei dem nach einer Krise die bisherigen Institutionen, Führungsgruppen und die Rechtsordnung der Gesellschaft ausgetauscht werden (Z. 13–20)
- Dies werde als „Unruhefaktor“ angesehen, wenn Geschichte als Kontinuität und Prozess von langsamen Wandlungen begriffen werde. Die „Revolution“ könne aber auch als dynamischer Prozess geschichtlichen Wandels gesehen werden (Z. 21–31)
- Seit der Französischen Revolution könne „Revolution“ sowohl ein „einmaliges Umsturzereignis“ als auch den Veränderungsprozess einer ganzen Epoche bedeuten (Z. 32–36)
- In der Folge charakterisiert Schieder die „Revolution“ als einen Prozess, der auch durch die gesellschaftliche Komplexität und politische Wirkung der Ereignisse gekennzeichnet sei – im Gegensatz zum „Putsch“ oder zur „Rebellion“ (Z. 37–48)
- Von einer „Totalrevolution“ spricht die moderne Revolutionssoziologie dann, wenn alle drei Ebenen – Regierung, Regierungsform und Gesellschaftsverfassung – erfasst und dauerhaft verändert werden (Z. 49–55)

> TIPP Versuchen Sie, Ihre Ausführungen sinnvoll zu gliedern und sich sprachlich nicht zu sehr an den Autorentext anzulehnen. Dabei können Sie Gedanken zusammenfassen, die der Autor an verschiedenen Stellen im Text beschreibt. Verwenden Sie bei der Wiedergabe der Argumentation die indirekte Rede (Konjunktiv!) und setzen Sie zitierte Begriffe und Ausdrücke in Anführungszeichen.

A.2 Stellen Sie dar, durch welche „[...] Zuspitzungen“ [...]

> HINWEIS Hier geht es um eine sinnvolle chronologische Auflistung der strukturell wirkenden Ereignisse, die zur Revolution führten und sie beschleunigten. Wichtig ist, dass eigene Schwerpunkte gesetzt werden; es kommt also nicht auf die Vollständigkeit, sondern auf die Stimmigkeit der Gedankenführung an.

Lösungsschritte zu Aufgabe A.2

1	Die Aufgabenstellung sorgfältig lesen und sich verdeutlichen, was verlangt wird: Auslöser der Französischen Revolution und deren Beschleuniger im Jahr 1789
2	Notizen/kurzes Brainstorming (Stichworte): a) Welche strukturellen Probleme gab es vor der Französischen Revolution im Staat? b) Welche Ereignisse beschleunigten die revolutionären Ereignisse?
3	Die in Schritt 2 gemachten Notizen zu einem strukturierten Text ausformulieren
4	Die eigenen Ausführungen abschließend auf sprachliche Richtigkeit und Verständlichkeit prüfen; Rechtschreibung, Zeichensetzung und Grammatik beachten

Stichpunktlösung zu Aufgabe A.2

Strukturelle Probleme des Staates kurz vor der Französischen Revolution

- Die alte Ständeordnung (Privilegien für Klerus und Adel) führte zur ungleichen steuerlichen Belastung der drei Stände; verschärft wurde diese Situation besonders für den dritten Stand durch Missernten in den Jahren vor der Revolution
- Im Ancien Régime herrschte der französische König absolut, d. h. losgelöst von allen irdischen Beschränkungen (z. B. durch ein Parlament), nur gestützt auf das Gottesgnadentum. Alle drei Stände waren nicht an der politischen Willensbildung beteiligt. Dies widerspricht dem Gedanken der Aufklärung
- Die finanzielle Unterstützung des amerikanischen Bürgerkrieges durch den französischen König, fehlende Steuereinnahmen, gescheiterte Reformversuche und die teure Hofhaltung in Versailles hatten eine Finanzkrise des Staates heraufbeschworen
- Die Finanzkrise konnte der König nur durch Verfassungsänderung mithilfe der Generalstände beenden. Zuvor war sein Ansinnen, die Steuerprivilegien abzuschaffen, bei der Notabelnversammlung (Adelige) gescheitert
- Parallel dazu hatte bereits im Frühjahr 1789 der adelige Geistliche Abbé Sieyès in seiner Programmschrift „Was ist der dritte Stand?“ die Forderungen des dritten Standes (vor allem der Besitz- und Bildungsbürger) nach politischer Mitsprache und Gleichberechtigung formuliert. Dem entsprechen auch die Äußerungen in den „Cahiers de doléance“

Ereignisse, die den revolutionären Prozess beschleunigten

- Die Generalstände löste der König bereits nach der ersten Sitzung wieder auf, weil es unter den drei Ständen Streit um den Abstimmungsmodus gegeben hatte
- Daraufhin versammelten sich die Abgeordneten des dritten Standes und dessen Sympathisanten aus den ersten beiden Ständen im nahegelegenen Ballhaus („Ballhausschwur“, Ziel: Ausarbeitung einer Verfassung)

- Kurzfristige Verschlechterung der wirtschaftlichen Lage führte zur bäuerlichen Revolution auf dem Lande; Ziel: Abschaffung der willkürlichen Feudallasten und Steuern
- Gerücht, der König würde Truppen zusammenziehen, um Aufstände niederwerfen zu lassen, führte zu Erstürmung der Bastille (Symbol absolutistischer Unterdrückung) durch aufgebrachte Pariser Bürger
- Die Nationalversammlung verkündete im August 1789 die Abschaffung der Feudalordnung und formulierte eine Erklärung der Menschen- und Bürgerrechte
- Im Zug der Marktweiber von Versailles beteiligten sich zum ersten Mal auch Frauen am revolutionären Prozess, indem sie den König zwangen, von Versailles nach Paris überzusiedeln, damit direkter Einfluss auf die Politik genommen werden kann
- Der Fluchtversuch des Königs im Sommer 1791 zeigte dessen wahre Gesinnung

A.3 Überprüfen Sie anhand der Kriterien [...] im Vergleich [...]

HINWEIS Sie haben die Wahl zwischen zwei Alternativen: „Vergleich mit der Novemberrevolution 1918“ oder „Vergleich mit der Wende 1989/90“. Wählen Sie diejenige Alternative, bei der Sie sich sicherer fühlen.

Lösungsschritte zu Aufgabe A.3

1	Die relevante Textstelle erneut lesen (Z. 49-55)
2	Ein Schmierblatt in zwei Spalten halbieren; Überschrift der 1. Spalte: 1789-1994, Überschrift der 2. Spalte: Revolution von 1918 bzw. Wende 1989/90. Drei gleichgroße Zeilen (etwa 1/3 Seitenlänge) mit den Zwischenüberschriften „Regierung“, „Regierungsform“ und „Gesellschaft“ anlegen
3	Alle relevanten Gesichtspunkte aus den beiden Revolutionen den Zwischenüberschriften zuordnen (Brainstorming)
4	Die in Schritt 3 gemachten Notizen zu einem strukturierten Text ausformulieren
5	Ein persönliches Fazit ziehen und begründen
6	Die eigenen Ausführungen abschließend auf sprachliche Richtigkeit und Verständlichkeit prüfen; Rechtschreibung, Zeichensetzung und Grammatik beachten

HINWEIS Im Folgenden wird nur die Alternative „Vergleich mit der Novemberrevolution 1918“ gelöst.

Stichpunktlösung zu Aufgabe A.3

Politischer und gesellschaftlicher Wandel durch die Französische Revolution

- Regierungsebene: Wandel vom absolutistischen Regierungssystem hin zu einer durch das Zensuswahlrecht beschränkten Beteiligung des Bildungs- und Großbürgertums (Verfassung von 1792); staatliche Gewalten bereits geteilt. Nach Einführung des allgemeinen Wahlrechts nimmt der Einfluss des Kleinbürgertums (Sansculotten) stark zu; zwischenzeitliches Machtmonopol des Wohlfahrtsausschusses unter Robespierre; seit 1794 Direktorialverfassung mit erneutem Zensuswahlrecht
- Wandel der Regierungsform vom Absolutismus zu einer konstitutionellen Erbmonarchie; Periode der Republik beginnend mit dem Nationalkonvent 1792 und dem allgemeinen Wahlrecht; seit 1793 Terrorherrschaft des Wohlfahrtsausschusses
- Wandel auf gesellschaftlicher Ebene: Beseitigung der Feudalordnung und der Privilegien für die ersten beiden Stände. Weitere Gesichtspunkte (die jedoch nur teilweise von Dauer sind): Proklamierung von Menschen- und Bürgerrechten, Abschaffung der merkantilistischen Wirtschaftsordnung, allgemeines Wahlrecht mit dem Volk als Souverän, Gewaltenteilung. Einschränkung: Es wird keine soziale Gleichheit geschaffen, Frauen bleiben von der politischen Willensbildung ausgeschlossen

Politischer und gesellschaftlicher Wandel durch die Revolution von 1918

- Regierungsebene: Wandel von einer Regierung, die vom Kaiser bestimmt wird, hin zu einer Regierung, die sich aus Vertretern der stärksten gewählten Reichstagspartei (bzw. einer Koalition) zusammensetzt und vom Reichstag sowie vom Reichspräsidenten kontrolliert wird
- Abschaffung der konstitutionellen Erbmonarchie; Ringen zwischen Vertretern des Rätemodells (nach dem Vorbild russ. Sowjets) und Vertretern der parlamentarischen, repräsentativen Demokratie unter der Mehrheitssozialdemokratie (Ebert, Scheidemann); Sieg der parlamentarischen Demokratie im Bündnis mit den „alten Mächten“ (Heer, Verwaltung, Industrielle)
- Wandel auf gesellschaftlicher Ebene: Einführung des allgemeinen Wahlrechts für Männer und Frauen; Gewerkschaften erstmals als Vertreter der Arbeiterschaft offiziell anerkannt („Stinnes-Legien-Abkommen“), 8-Stunden-Tag eingeführt. Aber: Beibehaltung der bisherigen Besitzverhältnisse (keine Sozialisierung des Eigentums); Produktionsmittel werden nicht verstaatlicht; Kontinuität der alten Eliten durch „Ebert-Groener-Pakt“, junge Republik nachhaltig in ihrer Entwicklung gehemmt

Fazit

Durch die Revolution von 1918 konnte zwar eine demokratische Ordnung etabliert werden, diese wurde jedoch von Anfang an durch starke antidemokratische Kräfte von links und rechts gefährdet. Die Kontinuität konservativer Eliten wirkte sich ebenso negativ aus wie die versäumte Reform der Wirtschaftsordnung. Deswegen findet der revolutionäre Wandel 1918/19 im Gegensatz zur Französischen Revolution vor allem auf der Ebene der Regierungsform statt. Auf gesellschaftlicher Ebene entfaltete die Revolution 1918/19 nicht ihre volle Wirkung.

> TIPP Es gibt nicht „die richtige" Lösung, sondern nur Lösungswege, die je nach Kenntnissen verschieden aussehen können. Diese Aufgabe mit Wahlalternative spricht besonders für die Wahl dieses Abiturvorschlages, weil hier Alternativen angeboten werden, um das eigene Wissen einzubringen.

Schnell-Check Vorschlag A

Aufgabe	Thema/Aufgabentyp	☺	☹	Trainingstipps
A.1	Hauptaussagen eines Textes in eigenen Worten wiedergeben			Lesestrategien üben: ■ Schlüsselwörter, Überschriften, Sinnabschnitte erkennen und markieren ■ Den Argumentationsgang (These, Beispiele) erkennen ■ Thesen des Autors strukturiert zusammenfassen
A.2	Strukturelle Zusammenhänge an Beispielen verdeutlichen			■ Wichtige Daten und Ereignisse notieren und ordnen ■ „Mut zur Lücke": wichtige Schlüsselereignisse nennen, zu viele Beispiele vermeiden
A.3	Anhand vorgegebener Kriterien zwei historische Ereignisse überprüfen und vergleichen			■ Beide historischen Sachverhalte zunächst tabellarisch gegenüberstellen ■ Beispiele für die jeweiligen Kriterien finden und nach Intensität und Wirkung bewerten ■ Notizen in ganzen Sätzen verschriftlichen; jeweils eine Zusammenfassung am Schluss (Fazit)

Lösungsvorschlag Vorschlag C

C.1 Fassen Sie zusammen, welche Besonderheiten [...]

> HINWEIS Formulieren Sie eine Einleitung, charakterisieren Sie kurz den Text und geben Sie die Grundaussagen Weizsäckers mit eigenen Worten kurz und unkommentiert wieder.

Lösungsschritte zu Aufgabe C.1

1	Den Text sehr aufmerksam durchlesen
2	Beim zweiten Durchlesen Schlüsselbegriffe (z. B. „nicht souverän“ oder „Transitorium“) und gedankliche Absätze markieren
3	Zu Beginn der eigenen Textwiedergabe einen einleitenden Satz formulieren, der über Textsorte, Autor, Erscheinungsjahr, Thema und Inhalt informiert
4	Den Text in einigen Sätzen charakterisieren (historische Darstellung, Bewertung ihrer Aussagekraft, Zielsetzung, Zeitumstände, evtl. Wirkung, evtl. Sprache)
5	Hauptaussagen zur Gründung der Bundesrepublik strukturiert zusammenfassen
6	Die Einleitung (3 + 4) überprüfen, ob sie die Punkte Ihrer Ausführungen wiedergibt
7	Die eigenen Ausführungen abschließend auf sprachliche Richtigkeit und Verständlichkeit prüfen; Rechtschreibung, Zeichensetzung und Grammatik beachten

Stichpunktlösung zu Aufgabe C.1

Einleitung und Charakterisierung des Textes

In seiner Rede aus dem Jahr 1989 anlässlich des vierzigjährigen Bestehens der Bundesrepublik Deutschland spricht der damalige Bundespräsident Richard von Weizsäcker über die Entstehung des Grundgesetzes.

Die Rede enthält eine historische Darstellung, in der das Staatsoberhaupt im noch geteilten Deutschland frühere Ereignisse reflektiert und bewertet. Die öffentlich gehaltene Rede dürfte eine große Breitenwirkung gehabt haben.

Zusammenfassung der Hauptaussagen zur Gründung der Bundesrepublik

- Von Weizsäcker betont gleich zu Beginn seiner Rede die besonderen Umstände, unter denen die BRD entstanden ist. Dem besetzten Staat fehlte die Souveränität, das Grundgesetz galt nur für den westlichen Teil Deutschlands (Z. 1 - 5)
- Die Staatsgründung ging auf die Initiative der westlichen Besatzungsmächte zurück; Hintergrund war der sich verschärfende Ost-West-Konflikt (Z. 6 f.)

- Mit diesem weltpolitischen Konflikt war die Teilung des besetzten Deutschlands absehbar; dennoch überwanden die Ministerpräsidenten und der Parlamentarische Rat ihre Bedenken hinsichtlich eines dauerhaft geteilten Deutschlands und schufen den neuen Bundesstaat als Übergangslösung (Z. 10–15)
- Zwar gab es für die Grundsätze der neuen Verfassung Vorgaben der Besatzungsmächte, jedoch knüpften die Väter und Mütter des Grundgesetzes an ältere deutsche Verfassungen an und beseitigten dabei deren strukturelle Schwächen (Z. 16–23)
- Mit der Verabschiedung des Grundgesetzes vier Jahre nach der bedingungslosen Kapitulation war nach von Weizsäcker nun der Weg frei für ein rechtsstaatliches Deutschland, das dem Gedanken der Menschenrechte Rechnung trägt (Z. 24–27)

TIPP Versuchen Sie, Ihre Ausführungen sinnvoll zu gliedern und sich sprachlich nicht zu sehr an den Autorentext anzulehnen. Dabei können Sie Gedanken zusammenfassen, die der Autor an verschiedenen Stellen im Text beschreibt. Verwenden Sie bei der Wiedergabe der Argumentation die indirekte Rede (Konjunktiv!) und setzten Sie zitierte Begriffe und Ausdrücke in Anführungszeichen.

C.2 Erläutern Sie, in welcher Weise die Mütter und Väter [...]

HINWEIS Dies ist eine rein strukturgeschichtliche Frage. Es geht darum, die Mängel der Weimarer Reichsverfassung aufzulisten und zu erläutern, die im Grundgesetz verändert oder weggelassen wurden, um Schaden an der Demokratie zu vermeiden. Wichtig ist, dass eigene Schwerpunkte gesetzt werden; es kommt also nicht auf Vollständigkeit, sondern auf die Stimmigkeit der Gedankenführung an.

Lösungsschritte zu Aufgabe C.2

1	Die Aufgabenstellung sorgfältig lesen und sich verdeutlichen, was genau verlangt wird: die Veränderungen im Grundgesetz gegenüber der Verfassung von Weimar aufzeigen; dazu kurz erklären, warum diese Punkte verändert wurden
2	Notizen/kleine Mindmap (verknüpfte Stichworte): a) Welche strukturellen Probleme gab es in der Weimarer Reichsverfassung? b) Was wurde warum verändert? (evtl. eine andere Farbe benutzen)
3	Die in Schritt 2 gemachten Notizen zu einem strukturierten Text ausformulieren
4	Die eigenen Ausführungen abschließend auf sprachliche Richtigkeit und Verständlichkeit prüfen; Rechtschreibung, Zeichensetzung und Grammatik beachten

Stichpunktlösung zu Aufgabe C.2

- Stark verändertes Amt des Bundespräsidenten (nun vor allem Repräsentation) im Vergleich zum Reichspräsidenten („Ersatzkaiser“; direkte Wahl)
- Keine Regierungstätigkeit mithilfe von Notverordnungen (Art. 48); in der Weimarer Republik häufig Notverordnungen und Auflösung des Reichstags (Art. 25)
- Amt des Bundeskanzlers stark aufgewertet: Richtlinienkompetenz für die Politik der Regierung; Bundeskanzler allein dem Bundestag verantwortlich
- Zum Sturz des Bundeskanzlers ist ein konstruktives Misstrauensvotum erforderlich (Kontinuität der Regierung, Nachfolger muss gewählt werden)
- Die plebiszitären Elemente sind zugunsten des Bundestages abgeschafft. Ein Gesetzesinitiativ- und Gesetzgebungsrecht liegt also nicht mehr beim Wähler
- Bundesverfassungsgericht als „Wächterin“ des Grundgesetzes
- Die Grundrechte sind nun unaufhebbar (Art. 1 und 20 GG)
- Fest verankerter Auftrag an die Parteien zur politischen Willensbildung. Die Parteien dürfen nicht gegen die freiheitlich-demokratische Grundordnung verstoßen, es besteht die Möglichkeit eines Verbots verfassungswidriger Parteien
- 5%-Hürde für den Einzug von Parteien in den Bundestag verhindert eine Zersplitterung des Parlaments
- Kein reines Verhältniswahlrecht mehr, sondern eine Kombination aus Verhältnis- und Mehrheitswahlrecht

C.3.1 Stellen Sie unter Einbeziehung der Quelle dar [...]

> HINWEIS In dieser Aufgabe geht es um eine Erläuterung der Ereignisse auf internationaler Ebene von 1945 bis 1949, die zur Gründung der BRD führten. Besonderes Augenmerk ist dabei auf die Stichpunkte zu legen, die von Weizsäcker bereits implizit oder explizit nennt. Achten Sie in Ihrer Lösung auf eine strukturierte Nennung von wichtigen (nicht allen!) Ereignissen.

Lösungsschritte zu Aufgabe C.3.1

1	Den Text erneut lesen – nun unter verändertem Schwerpunkt: Entwicklungen und Entscheidungen bis zu Gründung der BRD 1945–1949
2	Stichpunkte notieren: Welche Ereignisse werden im Text genannt, die zur Gründung der BRD führten? Danach weitere Stichpunkte aus dem Gedächtnis ergänzen
3	Die in Schritt 2 gemachten Notizen zu einem strukturierten Text ausformulieren

4	Die eigenen Ausführungen abschließend auf sprachliche Richtigkeit und Verständlichkeit prüfen; Rechtschreibung, Zeichensetzung und Grammatik beachten

Stichpunktlösung zu Aufgabe C.3.1

Bereits in der Quelle genannt:

- Bedingungslose Kapitulation, Deutschland besetzt, nicht souverän (Z. 3, 24)
- Neue weltpolitische Lage: Spannung zwischen Ost und West, Kalter Krieg (Z. 6–7, 10)
- Initiative der Besatzungsmächte, vor allem USA, zur Staatsgründung (Z. 7)
- Gefahr, die Teilung Deutschlands durch eine Staatsgründung zu verfestigen (Z. 9)
- Hauptsorgen: Gefahren aus dem Osten und Wiederaufbau (Z. 11–12)

Darstellung der Entwicklungen und Entscheidungen mit eigenen Ergänzungen:

- Mit der bedingungslosen Kapitulation hatte Deutschland aufgehört, als Staat zu existieren; die Alliierten besetzten es und teilten es in vier Besatzungszonen
- Im Potsdamer Abkommen einigten sich die Alliierten auf die fünf Ds (Demilitarisierung, Dezentralisierung, Denazifizierung, Demokratisierung, Demontagen) als gemeinsame Politik; der Schwerpunkt sollte auf der Bestrafung der Deutschen liegen
- Es wurde ein gemeinsamer „Alliierter Kontrollrat“ eingerichtet, der über die weiteren Maßnahmen, Deutschland betreffend, einstimmig beschließen musste
- Bald zeigten sich Spannungen zwischen den ehemaligen Alliierten aufgrund der von der Sowjetunion in den osteuropäischen Ländern betriebenen Einflussnahme
- Entscheidungsfindung im Alliierten Kontrollrat wurde unmöglich: Die Außenministerkonferenzen scheiterten und eine Wiedervereinigung der Besatzungszonen wurde zunehmend unwahrscheinlicher
- Die USA und GB schlossen ihre Besatzungszonen 1947 zur „Bi-Zone“ zusammen, die 1948 durch Einbeziehung er französischen Besatzungszone zur „Tri-Zone“ wurde“; Ziel war die Schaffung eines einheitlichen Wirtschaftsraums
- Um die Einflussnahme des Kommunismus einzudämmen, betrieb die Regierung der USA eine „Containment-Politik“; der „Kalte Krieg“ begann. Der Kommunismus sollte nach der Truman-Doktrin durch eine wirtschaftliche Stabilisierung Europas eingedämmt werden (Marschall-Plan, ERP)
- Die Sowjetunion verließ 1948 nach der Londoner Sechsmächtekonferenz den Alliierten Kontrollrat; getrennte Währungsreformen verstärkten die Teilung
- Die Frankfurter Dokumente beauftragten die Ministerpräsidenten der drei westlichen Zonen, eine Verfassung für das westliche Besatzungsgebiet auszuarbeiten

C.3.2 „Unsere Verfassung [...]“ Diskutieren Sie [...]

HINWEIS Suchen Sie Argumente für und gegen die These Weizsäckers. Entscheiden Sie sich am Schluss für eine Lösung, ziehen Sie ein persönliches Fazit und begründen Sie es.

Lösungsschritte zu Aufgabe C.3.2

1	Tabelle anlegen und Stichpunkte notieren: Welche Punkte sprechen für eine Schwerpunktsetzung im GG durch den parlamentarischen Rat? Welche Punkte begrenzen seinen Einfluss-Spielraum? (Vgl. C.3.1)
2	Die in Schritt 1 gemachten Notizen zu einem strukturierten Text ausformulieren
3	Ein persönliches Fazit formulieren und es begründen
4	Die eigenen Ausführungen abschließend auf sprachliche Richtigkeit und Verständlichkeit prüfen; Rechtschreibung, Zeichensetzung und Grammatik beachten

Stichpunktlösung zu Aufgabe C.3.2

Für eine stärkere Einflussnahme des Parlamentarischen Rates spricht:

- Der Parlamentarische Rat verfasste das Grundgesetz weitgehend eigenständig
- Schon der Name „Grundgesetz“ anstelle des üblichen Namens „Verfassung“ weist auf die Vorläufigkeit dieses Verfassungswerkes hin, die die Option auf eine spätere Wiedervereinigung Deutschlands offenhalten will
- Im Grundgesetz selbst wird von den Verfassern auf frühere deutsche Verfassungen zurückgegriffen, besonders auf die nicht in Kraft getretene Paulskirchenverfassung (1848) und auf eine von Mängeln befreite Verfassung der Weimarer Republik

Für eine stärkere Einflussnahme der Alliierten spricht:

- Die Initiative zur Staatsgründung ging von den westlichen Besatzungsmächten aus
- Die Entscheidung zur Gründung der BRD wurde von der Londoner Sechsmächtekonferenz gefällt
- Die Ausrichtung der neuen Verfassung war bereits in den Frankfurter Dokumenten festgelegt: Demokratie, föderalistische Regierungsform

Fazit

(1) Der Einfluss der alliierten Siegermächte war größer. Durch Eingaben der Militärgouverneure und die Vorgaben der Alliierten waren bestimmte Prinzipien den Vätern der BRD bereits vorgegeben. Alternativen, z. B. eine Wirtschaftsordnung mit Verstaatlichung der Schlüsselindustrien, waren kaum möglich. Das Grundgesetz musste den Militärgouverneuren zur Genehmigung vorgelegt werden.

(2) Der Einfluss des Parlamentarischen Rates war größer. Die Initiative konnte zwar nicht von Deutschland selbst ausgehen, einem besetzten, nicht-souveränen Land. Die Inhalte der Verfassung entsprachen aber dem deutschen liberalen und nationalen demokratischen Denken von 1848 (Paulskirche). Zahlreiche Regelungen zielten darauf ab, Fehler der Weimarer Verfassung zu vermeiden. Es wurde vermieden, nach dem Vorbild der USA die Ämter des Präsidenten und Regierungschefs zu kombinieren. Der Name „Grundgesetz" hielt die Option der Wiedervereinigung offen, was im deutschen Interesse lag.

Schnell-Check Vorschlag C

Aufgabe	Thema/Aufgabentyp			Trainingstipps
C.1	Sachtext in eigenen Worten formulieren			Lesestrategien üben: ■ Schlüsselwörter, Überschriften, Sinnabschnitte erkennen und markieren ■ Den Argumentationsgang (These, Beispiele) erkennen ■ Thesen des Autors strukturiert zusammenfassen
C.2	Verfassungen miteinander vergleichen			■ Ein Verfassungsschaubild erstellen ■ Mit einer anderen Farbe Unterschiede einzeichnen ■ „Mut zur Lücke": Wichtige Gesichtspunkte nennen, zu viele Beispiele vermeiden
C.3.1	Einen historischen Sachverhalt unter einem bestimmten Blickwinkel untersuchen			■ Historische Sachverhalte zunächst notieren ■ Relevante Beispiele (Daten, Ereignisse) finden und zuordnen ■ Notizen in ganzen Sätzen verschriftlichen
C.3.2	Ein begründetes Urteil über eine historische Fragestellung abgeben			■ Pro- und Kontra-Argumente sammeln und mit Fakten oder Daten belegen ■ Ein persönliches Fazit formulieren, indem eine Seite bekräftigt wird

PRÜFUNGSAUFGABEN 2010 GK

HINWEIS Vorschlag A wird nicht abgedruckt.

Aufgabentyp	Problemerörterung auf der Grundlage von historischen Quellen
Thematischer Schwerpunkt	Modernität und Antimodernität in der Zeit der Weimarer Republik und des Nationalsozialismus: Der völkische Staat
Themenübergreifende Bezüge	Entstehung der Bundesrepublik Deutschland, moderne Demokratie
Thema	Nationalsozialismus und Demokratie
Material	Rede von Reichspropagandaminister Joseph Goebbels vor Vertretern der internationalen Presse am 28. September 1933 in Genf

Vorschlag B

Aufgaben

1 Fassen Sie zusammen, wie Goebbels die nationalsozialistische Machtübernahme darstellt. (Material) (20 BE)

2.1 Vergleichen Sie seine Darstellung mit den tatsächlichen Vorgängen vom Januar bis zum Sommer 1933. (30 BE)

2.2 Goebbels bezeichnet das nationalsozialistische Regime als eine „veredelte Art von Demokratie“ (Z. 14). Prüfen Sie die Angemessenheit dieser These anhand der Strukturen des NS-Staates und gegenüber den Grundprinzipien einer modernen Demokratie. (25 BE)

3 Beurteilen Sie, inwiefern die Bundesrepublik Deutschland politische bzw. verfassungsrechtliche Lehren aus dem Scheitern der Weimarer Republik und dem NS-Staat zog. (25 BE)

Material

Reichspropagandaminister Goebbels vor Vertretern der internationalen Presse am 28. September 1933 in Genf

Die Welt lebt heute vielfach in der Auffassung, als habe die nationalsozialistische Bewegung mit Gewalt und unter Anwendung von rücksichtslosem Terror die Macht an sich gerissen, um sie brutal gegen ihre innenpolitischen Gegner auszunutzen. Diese Auffassung widerspricht dem tatsächlichen Verlauf der Dinge. Schon vor ihrer Machtübernahme war die nationalsozialistische Bewegung die weitaus größte und in ihrem Massenanhang einflußreichste Partei des parlamentarischen Deutschlands. Sie wurde legal in die Verantwortung berufen, und sie hat weiterhin legal ihre Machtpositionen ausgebaut.

Es stand ihr nach dem 30. Januar frei, nach eigenem Gutdünken und ohne Befragung des Volkes zu handeln. Sie hat das nicht getan, sondern im Gegenteil [...] sich auch die Sicherheiten geschaffen, die im Rahmen des demokratischen Staates für ihre spätere Aufbauarbeit notwendig waren. Von Terror und Gewaltanwendung konnte dabei keine Rede sein. Es hat in Deutschland niemals eine Regierung gegeben, die sich so wie die nationalsozialistische auf ihre Übereinstimmung mit den breiten Volksmassen berufen konnte.

Der moderne Staatsaufbau in Deutschland ist eine veredelte Art von Demokratie, in der kraft Mandats des Volkes autoritär regiert wird, ohne daß die Möglichkeit gegeben ist, durch parlamentarische Zwischenschaltungen den Willen des Volkes nach obenhin zu verwischen oder gar unfruchtbar zu machen. Daß wir beim inneren Aufbau Deutschlands neue Methoden auch in der Gestaltung der öffentlichen Meinung unseres Landes anwenden mußten, lag in der Natur der Sache. Daß der groß angelegte Versuch, die Krise in Deutschland zu überwinden, nicht von vornherein böswilliger und zielzersetzender und auflösender Kritik ausgesetzt sein durfte, das war schon durch die Größe dieser Krise bedingt. [...]

Wir übernahmen die Macht in einem Zeitpunkt, in dem die Arbeitslosigkeit in Deutschland ihren bisherigen Höhepunkt erreicht hatte, in dem der Bolschewismus drohend vor den Toren des Reiches stand [...]. Wen kann es da wundernehmen, daß die nationalsozialistische Führung erst alles daransetzte, das Gefühl der Verzweiflung, das in Deutschland breiteste Kreise des Volkes ergriffen hatte, durch einen neuen gläubigen Optimismus zu überwinden und im Verlaufe dieses Aufrichtungsprozesses alles auszuschalten, was ihm und seiner glücklichen Durchführung von vornherein aus parteipolitischen Rücksichten feindlich gesinnt war und deshalb nur schwersten Schaden bringen konnte. [...]

Der Nationalsozialismus steht wie jede echte politische Willenswirkung auf einem totalitären Standpunkt. Entweder ist er davon überzeugt, daß seine Weltanschauung und ihre praktischen Auswirkungen richtig sind, dann kann er niemanden neben sich dulden, oder er ist es nicht, dann verdient er gar nicht, daß er die Macht besitzt. Er ist da und aus dieser Überzeugung heraus mußte er einen Zustand im Ziele führen, in dem es außer ihm keinen ernsthaften

Konkurrenten in der Inhaberschaft der Macht geben konnte. Nachdem die marxistischen Organisationen von Staats wegen aufgelöst waren, haben die bürgerlichen Parteien sich selbst aufgelöst. Der Nationalsozialismus übernahm damit die ganze Macht und die ganze Verantwortung. [...]

Wir haben den Mut, dem Volke die wenn auch schwere Wahrheit zu sagen, und erleben das Glück, daß das Volk uns versteht. Wenn es Sinn einer wahren Demokratie ist, die Völker zu führen und ihnen den Weg zu Arbeit und Frieden zu zeigen, dann glaube ich, ist diese wahre Demokratie in Deutschland, und zwar gegen die Parteien, die nur ihr Zerrbild abgeben, verwirklicht worden. [...]

Was hat das junge Deutschland der Welt zu bieten? Eine Garantie des stabilen Zustandes im Innern mit einer festen Zentralgewalt, die verhandlungsbereit und verhandlungsfähig ist. Es hat die bolschewistischen Zündstoffe, die ganz Europa gefährdeten, aus sich ausgeschieden und sich zu einer einheitlichen und geschlossenen Willensentfaltung zusammengetan. [...]

Cuno Horkenbach (Hrsg.): Das Deutsche Reich von 1918 bis heute, Berlin [1935], S. 423 ff.

Hinweis:
Die Rechtschreibung entspricht der des Originals.

Aufgabentyp	Problemerörterung auf der Grundlage von historischen Quellen
Thematischer Schwerpunkt	Konflikt und Kooperation in der Welt nach 1945: Interessen und Strategien der USA und der UdSSR
Themenübergreifende Bezüge	Imperialismus des deutschen Kaiserreichs, Außenpolitik der Weimarer Republik und des NS-Staates
Thema	Strategien zum politischen Umgang mit Deutschland
Material	Memorandum Henry Morgenthaus Jr. an Präsident Roosevelt (10. Januar 1945)

Vorschlag C

Aufgaben

1 Fassen Sie die wesentlichen Aussagen Morgenthaus zusammen. (Material) (25 BE)

2 Untersuchen Sie, ausgehend von der Quelle, die amerikanische Deutschlandpolitik zwischen 1941 und 1947. (45 BE)

3 Morgenthau geht mit Blick auf die Geschichte generell von kriegerischen Neigungen und Absichten Deutschlands aus. Überprüfen Sie anhand von Beispielen zur deutschen Außenpolitik zwischen 1890 und 1939, inwieweit sich diese Befürchtung bestätigen oder entkräften lässt. (30 BE)

Material

Aus einem Memorandum Henry Morgenthaus Jr. an Präsident Roosevelt (10. Januar 1945)

Wir sind überzeugter denn je, dass es unbedingt notwendig ist, Deutschland seiner chemischen, metallurgischen[1] und elektrischen Industrie zu berauben, wenn wir wirklich beabsichtigen, es ihm unmöglich zu machen, in einigen Jahren wieder über die Fähigkeit zu verfügen, einen Krieg zu beginnen. Wir glauben nicht, dass dies allein den Frieden garantieren kann, aber wir sind überzeugt, dass dies einer der Schritte ist, den wir jetzt tun müssen.

Wir gründen diese Schlussfolgerung auf die folgenden Prämissen, die uns unwiderlegbar erscheinen:

1. Die Deutschen sind entschlossen, es wieder zu versuchen.
2. Programme zur Demokratisierung, Umerziehung und Freundlichkeit können diese Entschlossenheit in einer überschaubaren Zeit nicht zerstören.

3. Die Schwerindustrie ist der Kern des deutschen Rüstungspotentials.

Fast alle Amerikaner akzeptieren den ersten Punkt. Einige [...] lehnen den zweiten Punkt ab, aber alles, was wir wissen und jüngst gelernt haben - z. B. unsere Erfahrungen mit Kriegsgefangenen -, spricht gegen sie. Was den dritten Punkt betrifft, scheinen die eigenen Leistungen der USA in den vergangenen vier Jahren eine eindeutige Lektion dafür zu sein, was ein ähnlich vielseitig begabtes Volk tun kann. Aus dem größten Produzenten von nichtmilitärischen Gütern im Jahr 1940 wurden die USA 1944 in den weltgrößten Waffenproduzenten transformiert. Die Deutschen sind vielseitig begabt. Wenn wir ihnen die notwendige Schwerindustrie lassen, können sie so schnell und effizient arbeiten wie wir.

Je mehr ich über dieses Problem nachdenke und je mehr ich über die einschlägigen Diskussionen höre und lese, desto klarer erscheint es mir, dass das wirkliche Motiv derjenigen, die gegen eine Schwächung Deutschlands sind, nicht ist, dass sie mit den [genannten] drei Punkten nicht wirklich übereinstimmen. Es ist vielmehr die [...] alte Idee eines „Bollwerks gegen den Kommunismus" - was einer der Faktoren war, die für den augenblicklichen Krieg verantwortlich waren.

Da die Leute, die diese Sicht vertreten, nicht bereit sind [...], offen über ihre Ziele zu reden und ihre Karten auf den Tisch zu legen, werden von ihnen alle möglichen Vorwände formuliert und Täuschungsmanöver unternommen, um ihre These, dass Deutschland wiederaufgebaut werden müsse, zu unterstützen. Hier einige Beispiele:

1. Die falsche Annahme, Europa brauche ein starkes, industrialisiertes Deutschland.
2. Die Behauptung, dass ein sofortiger Wiederaufbau der deutschen Industrie nötig ist, damit Deutschland Reparationen zahlen kann und veranlasst werden kann, für die Zerstörungen zu zahlen, die es angerichtet hat.
3. Der naive Glaube, dass die Entfernung oder Zerstörung des deutschen Kriegsmaterials und der deutschen Rüstungsindustrie genügen werden, um zu verhindern, dass Deutschland einen neuen Krieg startet.
4. Die unlogische Annahme, ein „weicher" Frieden würde das Wachstum der Demokratie in Deutschland erleichtern.
5. Die unbegründete Behauptung, Deutschland zu einem hauptsächlich agrarischen Land zu machen, mit Leichtindustrie, aber ohne Schwerindustrie, würde bedeuten, die Deutschen verhungern zu lassen. [...]

Dieser Zusammenhang muss der Öffentlichkeit klar gemacht werden. Ich bin in dieser Sache so stark engagiert, dass ich eine klare Sprache spreche. Wenn wir uns dieser Problematik nicht stellen, bin ich so überzeugt, wie man nur sein kann, dass wir zulassen werden, dass eine hohle, betrügerische Propaganda uns dazu bringt, wieder ein starkes Deutschland zu schaffen und aus Russland einen Feind zu machen. Ich erschauere um unserer Kinder willen, wenn ich daran denke, was hieraus folgen wird.

In meinen Augen gibt es nichts, was in diesem Augenblick mehr Vertrauen oder Misstrauen zwischen den USA und Russland erzeugen kann als die Haltung, die diese Regierung gegenüber dem deutschen Problem einnimmt.

Walter LaFeber (Hrsg.): The Dynamics of World Power. A Documentary History of United States Foreign Policy 1945 - 1973, Bd. II: Eastern Europe and the Soviet Union, New York u. a. 1973, S. 25 f. Übersetzung Michael Wagner

Hinweise:
Henry Morgenthau Jr. (1891 - 1967), amerikanischer Politiker, hatte über die Großeltern deutsch-jüdische Wurzeln. Morgenthau, ein persönlicher Freund Präsident Roosevelts, war von 1933 bis 1945 Finanzminister.
Morgenthau schickte das Memorandum nicht ab. Es entstand zeitlich nach dem Morgenthau-Plan.

Anmerkungen:
1 Metallurgie bezeichnet ein Verfahren zur Gewinnung und Nutzung von Metallen.

LÖSUNGSVORSCHLAG 2010 GK

Lösungsvorschlag Vorschlag B

B.1 Fassen Sie zusammen, wie Goebbels [...] darstellt [...]

HINWEIS Formulieren Sie eine Einleitung, charakterisieren Sie kurz die Quelle (Quellenkritik) und geben Sie die Grundaussagen von Goebbels mit eigenen Worten kurz und unkommentiert wieder.

Lösungsschritte zu Aufgabe B.1

1	Den Text sehr aufmerksam durchlesen
2	Beim zweiten Durchlesen Schlüsselbegriffe (z. B. „legal" und „veredelte Art von Demokratie") und gedankliche Absätze markieren
3	Zu Beginn der eigenen Textwiedergabe einen einleitenden Satz formulieren, der über Textsorte, Autor, Erscheinungsjahr, Thema und Inhalt informiert
4	Den Text in einigen Sätzen charakterisieren (Quellenart, Bewertung ihrer Aussagekraft, Zeitumstände, Zielsetzung, evtl. Wirkung, evtl. Sprache)
5	Thesen des Autors strukturiert zusammenfassen; dabei stets herausstellen, dass es sich hier um eine ideologisch belastete Sichtweise handelt
6	Die Einleitung (3 + 4) überprüfen, ob sie die Punkte Ihrer Ausführungen wiedergibt
7	Die eigenen Ausführungen abschließend auf sprachliche Richtigkeit und Verständlichkeit prüfen; Rechtschreibung, Zeichensetzung und Grammatik beachten

Stichpunktlösung zu Aufgabe B.1

Einleitung und Charakterisierung des Textes

Der Propagandaminister Joseph Goebbels verteidigt in seiner Rede vom September 1933 vor internationalem Publikum die „Machtergreifung" der Nationalsozialisten als legale Berufung einer Regierung, die sich auf eine breite Zustimmung in der Bevölkerung stützen könne. Danach erläutert er sein Verständnis von Demokratie.

Der Text ist eine historische Quelle, in der der Autor ein historisches Ereignis aus nationalsozialistischer Sicht darstellt. In seiner Rede versucht Goebbels, die Bedenken des Auslands über das Handeln der nationalsozialistischen Regierung in den letzten acht Monaten nach ihrer Wahl zu zerstreuen.

Zusammenfassung der Thesen von Goebbels

- Goebbels betont die Tatsache, dass die Nationalsozialisten bereits vor Januar 1933 die stärkste Fraktion im Reichstag gewesen seien, dass sie ihre Machtposition also keineswegs durch einen Terrorakt erlangt hätten (Z. 1–7)
- Nach ihrer Wahl hätten die Nationalsozialisten sich „Sicherheiten" (Z. 9; gemeint ist wohl die Reichstagsbrandverordnung) geschaffen, die ihre spätere Vorgehensweise legitimieren sollten (Z. 8–13)
- Goebbels bezeichnet diese Vorgehensweise als „veredelte Art von Demokratie" (Z. 14), deren Besonderheit darin bestünde, „kraft Mandats des Volkes autoritär" zu sein, ohne dass die Kritik einer Opposition oder ein Parlament sie hindere (Z. 14–21)
- Die äußeren Umstände (Gefahr durch Bolschewismus) und die immer noch andauernden Auswirkungen der Weltwirtschaftskrise würden diese besondere Art der Regierung notwendig machen (Z. 22–29)
- Nach Goebbels fände jede politische Willensbildung „totalitär" statt, zumal alle anderen Parteien sich im Laufe des Jahres ohnehin selbst aufgelöst hätten (Z. 30–38)
- Der Nationalsozialismus hingegen habe den wahren Sinn der Demokratie erkannt, von dem andere Parteien nur ein „Zerrbild" seien, und fördere durch seine zentrale Machtausübung die Stabilität Deutschlands und die allgemeine Wohlfahrt der Bevölkerung (Z. 39–47)

> TIPP Versuchen Sie, die Ausführungen sinnvoll zu gliedern. Dabei können Sie Gedanken zusammenfassen, die der Autor an verschiedenen Stellen im Text beschreibt. Die Quelle ist stark von der NS-Ideologie geprägt. Verwenden Sie bei der Wiedergabe von Goebbels Argumentation die indirekte Rede (Konjunktiv!) und setzen Sie zitierte ideologische Begriffe und Ausdrücke in Anführungszeichen.

B.2.1 Vergleichen Sie seine Darstellung [...]

> HINWEIS Die Aufgabe kann sowohl chronologisch als auch strukturgeschichtlich beantwortet werden.

Lösungsschritte zu Aufgabe B.2.1

1	Die Aufgabenstellung sorgfältig lesen und sich verdeutlichen, was verlangt wird: Goebbels Sicht mit den tatsächlichen Ereignissen bis Sommer 1933 vergleichen
2	Den Text noch einmal sorgfältig lesen mit dieser Aufgabenstellung im Hinterkopf; Textstellen markieren und kurze Notizen/Bemerkungen am Seitenrand eintragen

3	Die Notizen auf der leeren Fläche unter dem Text ergänzen (historische Sachverhalte und Ereignisse, die wirksam waren, aber von Goebbels nicht explizit genannt werden)
4	Die in Schritt 2 und 3 gemachten Notizen zu einem strukturierten Text ausformulieren
5	Die eigenen Ausführungen abschließend auf sprachliche Richtigkeit und Verständlichkeit prüfen; Rechtschreibung, Zeichensetzung und Grammatik beachten

Stichpunktlösung zu Aufgabe B.2.1

- NSDAP konnte bei den Reichstagswahlen vor 1933 Stimmenzuwächse verbuchen, jedoch erlangte sie selbst bei den halbfreien Wahlen im März 1933 nicht die absolute Mehrheit; These der „Übereinstimmung mit den breiten Volksmassen“ ist falsch
- Die öffentliche Meinung wurde zudem durch Goebbels als Propagandaminister stark beeinflusst, die Pressefreiheit eingeschränkt
- Ernennung Hitlers zum Reichskanzler geschah formal auf legalem Wege. Allerdings entsprach die vorherige Handlungsweise Hindenburgs, Präsidialkabinette durch die Macht des Reichspräsidenten zu stützen, nicht mehr demokratischen Prinzipien
- Nach der Ernennung Hitlers zum Reichskanzler setzten die Repressalien gegen politische Gegner ein, verschärft durch die Reichstagsbrandverordnung (Februar 1933), durchgeführt durch die SA als Hilfspolizei und Frick als NS-Innenminister
- Danach herrschte ein permanenter Ausnahmezustand, in dem die Grundrechte außer Kraft gesetzt waren. Der rücksichtslose Terror vor allem gegen Oppositionelle und Andersdenkende setzte also entgegen der Deutung von Goebbels sofort ein
- Die angebliche Bedrohung durch den Bolschewismus lässt sich durch die Ergebnisse der Reichstagswahlen nicht belegen. Auch die Auswirkungen der Weltwirtschaftskrise waren 1933 bereits nicht mehr so heftig spürbar
- Die These, dass es keinen Konkurrenten um die politische Macht gegeben hätte, lässt sich widerlegen: Vizekanzler von Papen, der Hitler durch sein Einrahmungskonzept lediglich zu einem Teil eines neuen konservativ-bürgerlichen Präsidialkabinetts machen wollte, wurde von Hitler ausgebootet
- Das Ermächtigungsgesetz vom März 1933, das gegen die Stimmen der SPD-Fraktion sowie unter Ausschluss der Kommunisten und anderer rechtswidrig verhafteter Abgeordneter beschlossen wurde, schaffte die Gewaltenteilung ab. Die Regierung konnte nun auch die Legislative ausüben ohne Zustimmung des Reichstags
- Durch die Gleichschaltung der Landesregierungen, Zerschlagung von Gewerkschaften, durch das Wegfallen der zur Selbstauflösung genötigten Parteien war keine wirksame politische Opposition mehr möglich. Dies geschah also systematisch durch die NS und nicht aus dem eigenen Ermessen dieser Institutionen

TIPP Nehmen Sie bei der Beantwortung dieser Aufgabe die einzelnen Thesen von Goebbels als Ausgangspunkt und setzen Sie Ihre Sicht und Ihre Argumente dagegen. Belegen Sie Ihre Aussagen!

B.2.2 Goebbels bezeichnet [...] Prüfen Sie [...]

HINWEIS Überlegen Sie zunächst, was die Grundprinzipien einer modernen Demokratie sind. Danach vergleichen Sie diese mit den politischen Strukturen, die die Nationalsozialisten im Staat etablierten.

Lösungsschritte zu Aufgabe B.2.2

1	In Stichpunkten notieren, welche Grundprinzipien eine Demokratie ausmachen (Gewaltenteilung, Volkssouveränität etc.)
2	Von den Nationalsozialisten etablierte politische Strukturen zuordnen (ggf. mit Daten), die dem demokratischen Gedanken widersprechen
3	Die in Schritt 1 und 2 gemachten Notizen zu einem strukturierten Text ausformulieren
4	Die eigenen Ausführungen abschließend auf sprachliche Richtigkeit und Verständlichkeit prüfen; Rechtschreibung, Zeichensetzung und Grammatik beachten

Stichpunktlösung zu Aufgabe B.2.2

Systematische Verletzung, der Grund- und Bürgerrechte bestimmter Bevölkerungsgruppen

- Einteilung der Menschen in höhere und niedere Rassen. Die Nürnberger Rassegesetze von 1935 verletzen Menschen- und Bürgerrechte der Juden
- „Reinhaltung der arischen Rasse" („Rassenhygiene") als Staatsziel, d. h. systematische Ausmerzung „lebensunwerten Lebens" (Euthanasie), Zwangssterilisation bei Erbkranken und die Verfolgung von Homosexuellen und „Zigeunern"

Aufhebung der politischen Meinungsfreiheit, Versammlungsfreiheit und Pressefreiheit

- Ausschaltung jeder politischen Opposition (neben den Parteien wurden auch die Gewerkschaften verboten) war erstes Ziel der Gleichschaltung, die bereits Mitte 1933 begonnen hatte und schließlich alle Bereiche das täglichen Lebens umfasste
- Willkürliche Inhaftierung politischer Gegner, Andersdenkender und nicht ins NS-Konzept passender Personen (z. B. Homosexuelle) in Konzentrationslagern
- Gleichschaltung der Presse: strenge Zensur durch das Propagandaministerium

Aufhebung der Unabhängigkeit der Justiz, Aufhebung der Gewaltenteilung

- Volksgerichtshof setzte den Willen der NSDAP um, häufige Todesurteile

- Ermächtigungsgesetz schaltete den Reichstag aus

Abschaffung demokratischer Mitbestimmung, Abschaffung der Souveränität des Volkes

- Das Führerprinzip: Ausübung der Gewalt von oben nach unten
- Abschaffung freier Wahlen; Interessenidentität von Partei und Bevölkerung vorausgesetzt; Volksentscheide nur zur nachträglichen Absicherung von Entscheidungen

Eroberungspolitik statt Frieden und Verständigung

- Eroberung von Lebensraum für die arische Rasse im Osten als außenpolitisches Ziel

Fazit

Der Anspruch des NS-Regimes, den demokratischen Gedanken „veredelt" zu haben, ist absurd.

B.3 Beurteilen Sie, inwiefern die Bundesrepublik [...]

HINWEIS Hier müssen Sie zwei Regierungssysteme, die Weimarer Verfassung und den NS-Staat, mit einem dritten, dem Grundgesetz der Bundesrepublik, vergleichen und feststellen, inwiefern und warum sich das Grundgesetz von den anderen unterscheidet.

Lösungsschritte zu Aufgabe B.3

1	Veränderungen des Grundgesetzes im Vergleich zur Weimarer Verfassung notieren
2	Überlegen, was der Grund für diese Veränderung war und inwiefern er die Demokratie gegen politischen Extremismus sichert
3	Die in Schritt 1 und 2 gemachten Notizen zu einem strukturierten Text ausformulieren
4	Die eigenen Ausführungen abschließend auf sprachliche Richtigkeit und Verständlichkeit prüfen; Rechtschreibung, Zeichensetzung und Grammatik beachten

Stichpunktlösung zu Aufgabe B.3

- Die Grundrechte sind vorstaatlich und unantastbar (Art. 1 GG); Grundrechtsschutz (Art. 19,2 GG)
- Das Bundesverfassungsgericht wurde als Hüterin der Verfassung neu geschaffen
- Das Amt des Bundespräsidenten wurde stark beschnitten (kein „Ersatzkaiser", nur repräsentative Funktion, kein Oberbefehl über das Heer, keine Notverordnungen); Wahl durch die Bundesversammlung, nicht durch die Bevölkerung
- Demgegenüber Stärkung der Position des Bundeskanzlers; es wird ein konstruktives Misstrauensvotum zu seiner Abwahl benötigt

- Abschaffung der Plebiszite/Volksentscheide auf Bundesebene; stattdessen Repräsentation der Wähler durch Abgeordnete
- Einführung einer 5%-Hürde für den Einzug einer Partei in den Bundestag verhindert Zersplitterung des Parlaments und erleichtert Mehrheitsfindungen
- Programme der Parteien müssen der freiheitlich-demokratischen Grundordnung entsprechen
- Einführung eines Rechtes auf Widerstand für jeden Bundesbürger, wenn die freiheitlich-demokratische Grundordnung bedroht und andere Hilfe nicht möglich ist (Art. 20,4 GG)
- Bundesrepublik um einen Ausgleich mit dem „Erbfeind“ Frankreich (Adenauer - de Gaulle) und mit Israel bemüht

Schnell-Check Vorschlag B

Aufgabe	Thema/ Aufgabentyp			Trainingstipps
B.1	Sachtext in eigenen Worten formulieren			Lesestrategien üben: ■ Schlüsselwörter, Überschriften, Sinnabschnitte erkennen und markieren ■ Den Argumentationsgang (These, Beispiele) erkennen ■ Thesen des Autors strukturiert zusammenfassen
B.2.1	Eine ideologisch gefärbte historische Darstellung an den historischen Fakten überprüfen			■ Thesen und Ereignisse gegenüberstellen ■ Die Richtigkeit der Darstellung überprüfen ■ Eine begründete Stellungnahme formulieren
B.2.2	Überprüfen, ob eine einzelne These im Grundsatz richtig oder falsch ist			■ Beispiele finden, die diese These widerlegen oder stützen können ■ Die Beispiele in ihrer Aussagekraft abwägen ■ Gedankengang mit einer begründeten Stellungnahme abschließen
B.3	Strukturelle Zusammenhänge an Beispielen verdeutlichen; Verfassungsvergleich			■ Veränderungen einer Verfassung benennen/markieren und notieren ■ Veränderungen bewerten ■ In der Gegenüberstellung wichtige Aspekte zuerst nennen, zu viele Beispiele vermeiden

Lösungsvorschlag Vorschlag C

C.1 Fassen Sie die [...] Aussagen Morgenthaus zusammen [...]

HINWEIS Formulieren Sie eine Einleitung, charakterisieren Sie kurz die Quelle (Quellenkritik) und geben Sie die Grundaussagen Morgenthaus mit eigenen Worten kurz und unkommentiert wieder. Beachten Sie den Entstehungszeitpunkt der Quelle: Sie entstand nach dem Morgenthau-Plan (1944), der Deutschland in ein Agrarland verwandeln sollte, aber von den Alliierten nicht umgesetzt wurde.

Lösungsschritte zu Aufgabe C.1

1	Zuerst den Hinweis am Fuß des Textes beachten, danach den Text sehr aufmerksam durchlesen
2	Beim zweiten Durchlesen Schlüsselbegriffe (z. B. „Prämissen“ oder „Vorwände“) und gedankliche Absätze markieren
3	Zu Beginn der eigenen Textwiedergabe einen einleitenden Satz formulieren, der über Textsorte, Autor, Erscheinungsjahr, Thema und Inhalt informiert
4	Den Text in einigen Sätzen charakterisieren (Quellenart, Bewertung der Aussagekraft, Zeitumstände, Zielsetzung, evtl. Wirkung, evtl. Sprache)
5	Die wesentlichen Aussagen Morgenthaus strukturiert zusammenfassen
6	Die Einleitung (3 + 4) überprüfen, ob sie die Punkte Ihrer Ausführungen wiedergibt
7	Die eigenen Ausführungen abschließend auf sprachliche Richtigkeit und Verständlichkeit prüfen; Rechtschreibung, Zeichensetzung und Grammatik beachten

Stichpunktlösung zu Aufgabe C.1

Einleitung und Charakterisierung des Textes

In seinem Memorandum vom 10. Januar 1945 rechtfertigt der amerikanische Finanzminister Morgenthau seinen Plan, das besiegte Deutschland dauerhaft zu schwächen, damit es keinen Krieg mehr beginnen kann.

Die zum Ende des Zweiten Weltkriegs entstandene historische Quelle gibt Einblick in die Überlegungen der US-Führung. Morgenthaus Memorandum an den US-Präsidenten war nicht für die Öffentlichkeit bestimmt. Er nennt darin Gründe für seinen Plan, Deutschland in ein Agrarland zurückzuverwandeln, und sucht Einwände dagegen zu entkräften.

Zusammenfassung der Thesen Morgenthaus

- Deutschland könne es nur dann unmöglich gemacht werden, erneut einen Krieg zu beginnen, wenn es seiner Schlüsselindustrien (Chemie, Bergbau und Elektrizität) „beraubt" werde (Z. 1–5)
- Überzeugung, dass Deutschland in der Zukunft erneut Krieg führen werde, dass alle Versuche der Alliierten zur Etablierung demokratischer Strukturen in Deutschland scheitern und dass die deutsche Schwerindustrie diese Kriegspläne ermögliche (Z. 8–11)
- Das „wirkliche Motiv" der Gegner, die sich gegen eine Schwächung Deutschlands aussprechen, liege in der alten Angst vor dem Kommunismus (Z. 20–25)
- „Vorwände", die für einen Wiederaufbau Deutschlands angeführt werden:
  Das zukünftige Europa benötige ein starkes Deutschland, weniger harte Maßnahmen wären der Etablierung demokratischer Strukturen zuträglicher, ein Wiederaufbau Deutschlands sei notwendig, damit es seinen Reparationsverpflichtungen nachkommen könne und die Deutschen nicht verhungerten (Z. 26–41)
- Die Haltung der amerikanischen Regierung in der Deutschlandfrage sei auch entscheidend für ein vertrauensvolles Verhältnis der USA zur Sowjetunion (Z. 48–50)

TIPP Versuchen Sie, Ihre Ausführungen sinnvoll zu gliedern und sich sprachlich nicht zu sehr an den Autorentext anzulehnen. Dabei können Sie Gedanken zusammenfassen, die der Autor an verschiedenen Stellen im Text beschreibt. Verwenden Sie bei der Wiedergabe der Argumentation die indirekte Rede (Konjunktiv!) und setzen Sie zitierte Begriffe und Ausdrücke in Anführungszeichen.

C.2 Untersuchen Sie, ausgehend von der Quelle [...]

HINWEIS Wichtig ist bei der Lösung dieser Aufgabe, dass eigene Schwerpunkte gesetzt werden; allerdings sollten sich Ihre Ausführungen an den Text anlehnen bzw. von diesem ausgehen. Diese Aufgabe bedarf einer sorgfältigen Ausarbeitung, weil es hier die meisten Bewertungseinheiten gibt.

Lösungsschritte zu Aufgabe C.2

1	Die Aufgabenstellung sorgfältig lesen und sich verdeutlichen, was genau verlangt wird: Die Darstellung der Außenpolitik der USA in Bezug auf Deutschland 1941–1947
2	Den Text erneut aufmerksam lesen mit der Aufgabenstellung im Hinterkopf

3	Die wichtigsten Ereignisse und Entscheidungen von der Atlantik-Charta 1941 bis zur Truman-Doktrin 1947 in Stichpunkten notieren (ggf. Unterteilung in Entwicklungen vor und nach der Potsdamer Konferenz)
4	Die in Schritt 3 gemachten Notizen zu einem strukturierten Text ausformulieren
5	Die eigenen Ausführungen abschließend auf sprachliche Richtigkeit und Verständlichkeit prüfen; Rechtschreibung, Zeichensetzung und Grammatik beachten

Stichpunktlösung zu Aufgabe C.2

- Die Basis der alliierten Zusammenarbeit bildete die „Atlantik-Charta" von 1941, in der Churchill und Roosevelt die Vernichtung der „Nazityrannei" als gemeinsames Kriegsziel vereinbart hatten; dieses Ziel verfolgte auch die Sowjetunion
- Es folgten die Konferenzen von Casablanca, Teheran und Jalta, auf denen die Alliierten (GB, USA, SU) die bedingungslose Kapitulation als Grundprinzip festlegten und bereits Gedanken über die Nachkriegsordnung in einem dann geteilten und besetzten Deutschland anstellten
- Diese Nachkriegsordnung sollte sehr harte Maßnahmen im Umgang mit dem besiegten Deutschland beinhalten; der Morgenthau-Plan von 1944 sah vor, Deutschland nicht nur aufzuteilen, sondern auch in ein rückständiges Agrarland zurückzuverwandeln
- Auf diesem Plan und den historischen Erfahrungen beruhen auch die Überlegungen Morgenthaus in der vorliegenden Quelle. Der Morgenthau-Plan wurde zwar nie Grundlage der offiziellen Deutschlandpolitik der USA, beeinflusste aber durchaus Entscheidungen
- Nach der bedingungslosen Kapitulation Deutschlands im Sommer 1945 einigten sich die Alliierten in Potsdam auf die sogenannten 5 Ds (Demilitarisierung, Dezentralisierung, Denazifizierung, Demokratisierung, Demontagen) als gemeinsame Vorgehensweise
- Der Schwerpunkt sollte auf der Bestrafung der Deutschen liegen. Schnell zeigte sich jedoch, dass sich z. B. die Umsetzung der Maßnahmen zur Entnazifizierung schwierig gestalteten (Persilscheine)
- Der von den Alliierten gebildete gemeinsame „Kontrollrat", der über die weiteren Maßnahmen im besetzten Deutschland einstimmig beschließen sollte, war schon bald nicht mehr handlungsfähig
- Aufgrund der von der Sowjetunion in den osteuropäischen Ländern betriebenen Einflussnahme entstanden Spannungen zwischen den ehemaligen Alliierten
- Um die Einflussnahme des ideologischen Gegners einzudämmen, begann die Regierung der USA mit einer „Containment-Politik". Dadurch änderte sich auch ihre Um-

gangsweise mit dem besetzten Deutschland. Dies erläuterte der amerikanische Außenminister Byrnes in seiner Stuttgarter Rede von 1946

- Die weitere Ausdehnung des Kommunismus in Europa sollte nach der Truman-Doktrin von 1947 durch eine wirtschaftliche Stabilisierung Europas verhindert werden (Marschall-Plan, ERP). Ein weitgehend eigenständiges und wieder aufgebautes Deutschland sollte als Bollwerk gegen den Kommunismus seinen Teil dazu beitragen

C.3 Morgenthau geht mit Blick [...] Überprüfen Sie [...]

HINWEIS Hier müssen Sie stark exemplarisch arbeiten. Sie sollen Thesen zur Beurteilung der deutschen Außenpolitik über mehrere Jahrzehnte bilden und diese dann zur Bestätigung bzw. Entkräftung der Sicht Morgenthaus heranziehen. Am Schluss formulieren und begründen Sie Ihre eigene Meinung.

Lösungsschritte zu Aufgabe C.3

1	Stichpunkte in einer Tabelle notieren: Welche Beispiele zur deutschen Außenpolitik zwischen 1890 und 1939 sprechen für, welche gegen Morgenthaus Sicht?
2	Die gesammelten Pro- und Kontra-Argumente mit einem bunten Stift gewichten
3	Die in Schritt 1 und 2 gemachten Notizen zu einem strukturierten Text ausformulieren
4	Die eigene Meinung in Form eines Fazits formulieren und begründen
5	Die eigenen Ausführungen abschließend auf sprachliche Richtigkeit und Verständlichkeit prüfen; Rechtschreibung, Zeichensetzung und Grammatik beachten

Stichpunktlösung zu Aufgabe C.3

Folgende Beispiele sprechen für die Sicht Morgenthaus:

- Das Kaiserreich änderte seine Politik des „saturierten Deutschlands“ spätestens mit der Entlassung Bismarcks als Reichskanzler. Von da an wurden zahlreiche Verträge mit anderen europäischen Staaten nicht verlängert (Abkehr vom Bündnissystem Bismarcks)
- Der „neue Kurs“ Wilhelms II. wurde durch den Einstieg des deutschen Kaiserreiches in die aktive Kolonialpolitik sichtbar („Am deutschen Wesen soll die Welt genesen“)
- Hierfür wurde massiv die deutsche Flotte aufgerüstet; Unterstützung fand dieses Unterfangen z. B. durch den Flottenverein und den Alldeutschen Verband. Die Aufrüstung der Flotte wurde jedoch besonders von Großbritannien sehr negativ bewer-

tet („Two power standard")

- Einige Historiker bezeichnen das deutsche Kaiserreich als Kriegstreiber, das im „Griff um die Weltmacht" bewusst versuchte, eine Hegemonialstellung in Europa zu erreichen
- Dafür spricht auch, dass zu Beginn des Ersten Weltkrieges bereits der „Schlieffenplan" vorbereitet war, der vorsah, unter Bruch des Völkerrechts das neutrale Belgien für einen Einmarsch nach Frankreich zu nutzen
- Der „Blankoscheck" an den Verbündeten Österreich war angesichts der Unruhen auf dem Balkan und des drohenden Konfliktes mit Russland nicht verantwortbar
- Nach der Niederlage im Ersten Weltkrieg war in der Weimarer Republik die Meinung weitverbreitet, dass die Bestimmungen des Versailler Vertrages zu hart seien und einer Revision bedürften; ablesbar auch am Volksbegehren gegen den Young-Plan 1928
- 1932 konnten die Nationalsozialisten bei der Reichstagswahl einen starken Stimmenzuwachs verzeichnen; diese Partei hatte bereits 1925 die Revision des Versailler Vertrages und die Erlangung von „Lebensraum im Osten" als zentrale Punkte ihres Programms formuliert
- Zahlreiche Vertragsbrüche und Gebietsaneignungen kennzeichneten den politischen Kurs der Nationalsozialisten schon vor dem Zweiten Weltkrieg (Höhepunkt: „Hitler-Stalin-Pakt"). Der Überfall auf Polen 1939 markierte den Beginn des Zweiten Weltkrieges

Folgende Beispiele sprechen gegen die Sicht Morgenthaus:

- Das Sendungsbewusstsein mit seinen nationalistischen und chauvinistischen Aussagen findet sich auch bei Staatsmännern anderer Länder wieder (Jules Ferry, Cecil Rhodes). Ebenso betrieben auch andere europäische Länder imperialistische Politik
- Andere Historiker vertreten die Meinung, kein europäischer Staat hätte zwar den Ersten Weltkrieg gewollt, aber auch nichts zu seiner Verhinderung unternommen
- Die Balkan-Krise wurde primär durch den Versuch der Einflussnahme der Kontrahenten Österreich und Russland verschärft
- Unklar ist die Frage der alleinigen deutschen Kriegsschuld, vgl. Art. 231 Versailler Vertrag; damit wird auch das Ansinnen einer Revision zumindest nachvollziehbar
- Außenminister Stresemann bemühte sich bis zu seinem Tod 1929 um eine friedliche Wiedereingliederung Deutschlands (Aufnahme in den Völkerbund)
- Der nationalsozialistische Totalitarismus erschwerte eine offene deutsche Opposition gegen die NS-Außenpolitik (Gleichschaltung, Parteienverbote)
- Frankreich und England verhielten sich bis zum Münchner Abkommen betont passiv, ermunterten Hitler durch ihre Appeasement-Politik. Stalin als Alliierter der USA im Zweiten Weltkrieg hatte 1939 selbst ein geheimes Zusatzabkommen mit Hitler

über die Aufteilung Polens geschlossen

Fazit

Morgenthaus Sicht betont einseitig den aggressiven und expansionistischen Charakter der deutschen Außenpolitik. Er vergisst dabei sowohl die imperialistischen Bestrebungen aller europäischen Länder in der Zeit vor dem Ersten Weltkrieg als auch die Bemühungen des Außenministers Stresemann in der Weimarer Republik. Dieser hatte dafür sogar den Friedensnobelpreis verliehen bekommen.

Schnell-Check Vorschlag C

Aufgabe	Thema/Aufgabentyp			Trainingstipps
C.1	Hauptthesen eines Textes in eigenen Worten formulieren			Lesestrategien üben: ■ Schlüsselwörter, Überschriften, Sinnabschnitte erkennen und markieren ■ Den Argumentationsgang (These, Beispiele) erkennen ■ Thesen des Autors strukturiert zusammenfassen
C.2	Einen historischen Sachverhalt unter einer bestimmten Sichtweise untersuchen			■ Historische Sachverhalte zunächst notieren ■ Relevante Beispiele (Daten, Ereignisse) finden und zuordnen ■ Notizen in ganzen Sätzen verschriftlichen
C.3	Beispiele zur Widerlegung oder Bekräftigung einer These finden und eine eigene Meinung formulieren			■ Pro- und Kontra-Argumente in einer Tabelle sammeln ■ Eine begründete eigene Meinung formulieren (Fazit)

PRÜFUNGSAUFGABEN 2011 GK

Aufgabentyp	Problemerörterung auf der Grundlage von historischen Quellen
Thematischer Schwerpunkt	Gesellschaftliche Veränderungsprozesse am Beginn der Moderne: Politische Revolutionen in Europa und ihre Folgen
Themenübergreifende Bezüge	Die deutsche Revolution von 1918/1919
Thema	Ursachen von Revolutionen
Material	M1 Christoph Martin Wieland: Betrachtungen über die gegenwärtige Lage des Vaterlandes (Januar 1793) M2 Karikatur: Das Erwachen des Dritten Standes (1789)

Vorschlag A

Aufgaben

1.1 Beschreiben Sie, wie Wieland die Französische Revolution bis 1792 darstellt. (Material 1) (25 BE)

1.2 Arbeiten Sie heraus, wie der Revolutionsausbruch 1789 in Material 2 dargestellt wird. (20 BE)

2 Erläutern Sie unter Bezugnahme auf den Text (Material 1) den Verlauf der Revolution zwischen Mai 1789 und Januar 1793. (30 BE)

3 Wieland erwähnt die Befürchtung, dass vergleichbare Ursachen, die in Frankreich zur Revolution führten, auch in Deutschland „ähnliche Wirkungen hervorbringen könnten". (Z. 10 f.)
Diskutieren Sie, inwiefern die Ursachen der deutschen Revolution von 1918/1919 mit denen der Französischen Revolution von 1789 vergleichbar sind. (25 BE)

Material 1

Christoph Martin Wieland: Betrachtungen über die gegenwärtige Lage des Vaterlandes (Januar 1793)

An Dingen, welche vieles mit einander gemein haben, fällt die Ähnlichkeit weit stärker in die Augen als die Verschiedenheit, und die Urteile des großen Haufens[1] bestimmen sich meistens nach jener, ohne diese in gehörige Betrachtung zu ziehen. Da auch in Deutschland ein großer Teil der Verfassung[2] die Grundlage des alten Feudalsystems und, so zu sagen, mit den Trümmern desselben erbaut ist; da auch wir einen mit großen Vorrechten ausschließlich begabten hohen und niedern Adel, Bischöfe und Äbte die zugleich Fürsten und regierende Herren sind, [...] haben [...]; da also auch bei uns der Mangel an persönlicher Freiheit und freiem Besitz des Eigentums, und die enorme Ungleichheit zwischen einem verhältnismäßig ziemlich kleinen Teile der Staatsbürger und allen übrigen auffallend ist: so war nichts natürlicher als die Wahrnehmung dieser Ähnlichkeiten, und der Gedanke an die Möglichkeit, daß ähnliche Ursachen auch bei uns ähnliche Wirkungen hervorbringen könnten. Kein Wunder also, daß sich bei Gelegenheit der Französischen Revolution auch die Deutsche Nation in Parteien teilte, die, wenn gleich, Dank sei dem Himmel! die öffentliche Ruhe nicht durch sie unterbrochen worden ist, darum nicht weniger existierten, und ihr Dasein durch allerhand Äußerungen spürbar machten.

Kaum erhielt in Frankreich die Volkspartei die Oberhand über die so genannten Aristokraten, so zeigte sich auch in Deutschland eine Partei, die viel zu wünschen, und eine andere, die viel zu befürchten hatte. [...]

Noch ein Umstand, der auf den großen Haufen[3] sehr starke Eindrücke machen mußte, war, daß die Volkspartei in Frankreich bei allen Gelegenheiten den Sieg erhielt, und ihn notwendig erhalten mußte, weil sie ihn bloß dadurch erhielt, daß sie ihren Gegnern an physischer Stärke so entscheidend überlegen war. Die Hofpartei verließ sich Anfangs zu viel darauf, daß gewisse moralische Ursachen noch eben so mächtig auf das Volk wirken würden, als sie seit Jahrhunderten gewirkt hatten. Sie waren gewiß, daß der Tiers-état[4], der schon so lange und so tief unter ihnen gekrochen war, und den, wenn er es auch wagen wollte sein Angesicht zu erheben, ein einziges Machtwort (wie sie glaubten) stracks wieder zu Boden werfen könnte, nimmermehr so viel Mut zusammen bringen würde, um gegen ein königliches tel est notre plaisir[5], das ihm aus einander zu gehen befahl, versammelt zu bleiben. Aber die Vorstellungsart, von welcher ein solches Machtwort seine Kraft erhält, war nicht mehr da; und die Deputierten[6] des Tiers-état, stark durch die Arme eines großen Volks das sein angelegenstes Interesse in ihre Hände gestellt hatte, wagten es, dem Höfling, der ihnen den Befehl des Königs ankündigte, zu sagen, sie würden es darauf ankommen lassen, ob man sie mit Bajonetten[7] aus einander treiben wollte. Nun setzte man seine Hoffnung auf die Treue der Armee. Aber die Soldaten [...] erinnerten sich auf einmal, daß sie Bürger seien, und anstatt gegen das Volk zu agieren, stellten sie sich auf die Seite desselben.

Nachdem diese zwei sonst immer bewährten [...] Mittel nicht angeschlagen hatten, glaubte man wenigstens noch auf ein drittes rechnen zu können, das noch nie gefehlt hatte, auf die beispiellose Anhänglichkeit der Französischen Nation an ihre Könige. Aber der sechste Oktober[8], der zwanzigste Junius[9], der zehnte August[10] und der ein und zwanzigste September[11] bewiesen, wie schwach auch dieser Rohrstab war, den bloß die Meinung des Volks zu einem einst so gewaltigen Pfeiler gemacht hatte.

Das einzige Wort Freiheit, von einer ganzen Nation tief gefühlt, venichtete [...] die einst allmächtige Wirkung aller Zauberwörter, die ihre Kraft bloß vom Glauben an sie erhalten. So wie diese Meinung sich änderte, dieser Glaube nicht mehr war, was vermochte ein Einzelner - zumal einer, der als bloßer Mensch unter Tausenden kaum Einen fand, dem die Natur den Stempel eines Mannes nicht kräftiger aufgedrückt hätte - was vermochten seine Freunde, seine Ratgeber, seine Schmeichler, seine Knechte, (wenn sie auch bei ihm ausgehalten hätten) gegen die physische Überlegenheit so vieler Millionen, die, aufs äußerste getrieben, plötzlich und alle zugleich ihre wirkliche Macht zu fühlen, und mit der wirklichen Schwäche ihrer Feinde zu vergleichen anfingen!

Christoph Martin Wieland: Betrachtungen über die gegenwärtige Lage des Vaterlandes, in: Neuer Teutscher Merkur, Januar 1793, zit. nach: Horst Günther (Hg.): Die Französische Revolution. Berichte und Deutungen deutscher Schriftsteller und Historiker, Frankfurt/Main 1985, S. 542 f., S. 545 f.

Hinweise:

Christoph Martin Wieland (1733 - 1813), deutscher Philosoph, Schriftsteller und Journalist. Er gab die Zeitschriften „Teutscher Merkur“ und „Neuer Teutscher Merkur“ heraus. Die vorliegende Abhandlung wurde im „Neuen Teutschen Merkur“ publiziert.

Die Rechtschreibung entspricht der Textvorlage. Auf Kursivschrift wurde verzichtet.

Anmerkungen:

1 abwertend für: die dumme Masse
2 gemeint: das politisch-gesellschaftliche System
3 siehe Anmerkung 1
4 Dritter Stand
5 das ist unser Wunsch
6 Abgeordnete
7 Aufsatz, mit dem man ein Gewehr als Stichwaffe benutzen kann
8 6. 10. 1.789: „Zug der Marktfrauen“ nach Versailles
9 20. 6. 1791: Fluchtversuch der königlichen Familie
10 10. 8. 1792: Sturm auf die Tuilerien
11 21. 9. 1792: Der Nationalkonvent beschließt die Abschaffung des Königtums.

Material 2

„Das Erwachen des Dritten Standes“ (1789)

Entnommen aus: Andreas Anderhub/Berthold Roland (Hg.): Die Bastille - Symbolik und Mythos in der Revolutionsgraphik. 14. Juli 1989. Eine Ausstellung des Landesmuseums Mainz und der Universitätsbibliothek Mainz, Mainz 1989, S. 49

Hinweise:
Übersetzung der Bildüberschrift: „Das Erwachen des Dritten Standes“
Übersetzung der Bildunterschrift: „Meine Güte, es war für mich höchste Zeit aufzuwachen, denn die Last meiner Ketten verursachte mir etwas zu starke Angstträume.“

Die Originalquelle ist farbig.

Aufgabentyp	Problemerörterung auf der Grundlage von historischen Quellen
Thematischer Schwerpunkt	Modernität und Antimodernität in der Zeit der Weimarer Republik und des Nationalsozialismus: Die Verfolgung und Ermordung der europäischen Juden
Themenübergreifende Bezüge	Die Entstehung der Bundesrepublik Deutschland
Thema	Holocaust und die Politik der Bundesrepublik Deutschland
Material	Anita Lasker-Wallfisch: Ihr sollt die Wahrheit erben (1996)

Vorschlag B

Aufgaben

1 Geben Sie die wesentlichen Inhalte der Quelle in eigenen Worten wieder. (Material) (20 BE)

2.1 „In kürzester Zeit fand man sich jeder Faser menschlicher Würde beraubt." (Z. 20 f.)
Analysieren Sie - Bezug nehmend auf das Zitat - die Grundzüge der NS-Rassenideologie. (20 BE)

2.2 Erläutem Sie unter Berücksichtigung der Quelle die nationalsozialistische Politik gegenüber der jüdischen Bevölkerung von 1938 bis 1945. (30 BE)

3 Überprüfen Sie, inwiefern die Erfahrung von NS-Staat und Holocaust die Politik der Bundesrepublik Deutschland in verfassungsrechtlicher und politischer Hinsicht prägt(e). (30 BE)

Material

Anita Lasker-Wallfisch: Ihr sollt die Wahrheit erben (1996)

Im November oder Dezember 1943 war es soweit: Ich wurde nach unten gerufen und mußte zu einer „medizinischen Untersuchung". Es ist kaum zu glauben, aber ich sollte auch ein Papier unterschreiben, daß ich *freiwillig* nach Auschwitz ginge. [...]

Ich verließ das Gefängnis am nächsten Morgen mit der „Grünen Minna"[1], dann bestieg ich einen Gefängnis-Zug. Dort wurde ich mit einigen anderen Gefangenen eingeschlossen, und wir fuhren ab: Richtung OSTEN. Wir kamen in Auschwitz-Birkenau am Abend an. Ich weiß nicht, um welche Zeit. Weiß nur, daß es dunkel war. Wir wurden in eine Baracke gebracht und warteten. [...]

Meine Reisegefährten und ich warteten in dieser Baracke bis Tagesanbruch. Damals wußte ich noch nicht, daß ich die erste Hürde bereits übersprungen hatte. Wenn Transporte in Birkenau ankamen, war eine Empfangskommission von SS-Männern am Bahnsteig, die selektierten, wer ins Lager gelassen würde und wer direkt in die Gaskammer kam.

Mir blieb dieser Selektionsprozeß erspart, und ich verstand den Grund dafür erst später: Ich bin nicht mit einem der üblichen Sammeltransporte für Juden angekommen, sondern in einem Geflängnis-Transport, mit relativ wenigen Häftlingen, von denen alle einen Prozeß und eine Verurteilung zu Gefängnisstrafen hinter sich hatten. Dieser Umstand machte uns zu „Karteihäftlingen". Wir durften nicht sofort vergast werden, denn man könnte uns eventuell noch einmal zu weiteren Zeugenaussagen vor Gericht rufen. [...]

Beim ersten Tageslicht wurden wir in einen anderen Block gebracht. Dort sollte die „Willkommens-Zeremonie" stattfinden. Ich mußte mich ausziehen, mein Kopf wurde rasiert, und die Nummer 69 388 wurde auf meinen linken Arm tätowiert. All dies wurde, wie ich erst später verstand, nicht von Deutschen, sondern von Häftlingen gemacht, die in diesem Block arbeiteten. [...]

Das Tätowieren war nicht gerade angenehm, denn es wurde mit einem primitiven Gerät ausgeführt, einer Art Federhalter, an dem statt einer Feder eine dicke Nadel befestigt war. Natürlich tat es weh, und ich erinnere mich an Blut und an eine Schwellung. Wahrscheinlich war die Nadel infiziert. Ich glaube kaum, daß sie jemals gesäubert worden ist. [...] Wahrscheinlich hat mich das Abrasieren der Haare doch letzten Endes am tiefsten traumatisiert. Man fühlt sich vollkommen nackt, unendlich verwundbar und zu einem *Niemand* reduziert.

Da stand ich also, splitternackt und ohne Haare, mit einer Nummer auf dem Arm. In kürzester Zeit fand man sich jeder Faser menschlicher Würde beraubt. Wir waren plötzlich kaum noch voneinander zu unterscheiden. [...]

Ich wartete und wartete ... ohne Vorstellung, worauf ich eigentlich wartete. Inzwischen war der Block leer geworden, und ich war allein. Ich sah mich um und bemerkte, daß an der Decke Duschen angebracht waren. Es sah genau so aus, wie ich mir die Gaskammern vorgestellt hatte. Was ich nicht wusste, war, daß ich mich in der „Sauna" befand. So nannte man damals diesen Block. Es war der „Entlausungs- und Badeblock".

Ich war vollkommen verwirrt und dachte, daß nun der Moment gekommen sei, auf den ich mich in so vielen qualvollen Nächten im Gefängnis vorzubereiten versucht hatte. Man hatte zu Anfang nur eine ganz vage Vorstellung, wie eine Gaskammer funktioniert. Später haben wir einiges dazugelernt. [...]

Den größten Teil der Zeit verbrachte man beim Zählappell. Man stand im Freien, in Eiseskälte oder Regen, vollkommen unzulänglich bekleidet, fünf lange Reihen, und wartete darauf, abgezählt zu werden.

Diese deutsche Manie, uns abzuzählen, habe ich niemals verstanden. Die Deutschen waren damit beschäftigt, so viele von uns wie möglich zu vernichten – warum sollte es dann so wichfig sein, daß wir alle da sind? So war es aber, und Appellstehen bedeutete eine besondere

Tortur. Es war streng verboten, sich zu bewegen, und da diese Prozedur manchmal Stunden und Stunden dauerte, kann man sich vorstellen, was das für Menschen bedeutete, die fast ausnahmslos an Durchfall litten. Auf deutsch: Man stand da, mit fürchterlichen Krämpfen, während die Scheiße einem an den Beinen hinunterlief. Wie leicht war es, uns „dreckige Schweine" zu nennen! Keiner, der nicht dort war, kann sich vorstellen, wie groß unser Elend war.

Anita Lasker-Wallfisch: Ihr sollt die Wahrheit erben, Reinbek bei Hamburg, [7]2005, S. 119 - 123

Hinweise:
Anita Lasker-Wallfisch (geboren 1925) stammt aus einer jüdischen Familie. Nach Kriegsbeginn wurde ihre Familie immer stärkerem Druck ausgesetzt und auseinandergerissen. Anita Lasker-Wallfisch wurde wegen „Dokumentenfälschung" inhaftiert und zu Zwangsarbeit verurteilt.
Anschließende Lagerhaft in Auschwitz und Bergen-Belsen überlebte sie vermutlich aufgrund ihres musikalischen Talents: Sie wurde als Cellistin im Lager-Orchester eingesetzt.

Die Kursiv- sowie die Rechtschreibung entsprechen der Textvorlage.

Anmerkungen:
1 „Grüne Minna" bezeichnet einen Gefangenentransportwagen der Polizei.

Aufgabentyp	Problemerörterung auf der Grundlage von historischen Darstellungen
Thematischer Schwerpunkt	Konflikt und Kooperation in der Welt nach 1945: Die weltpolitische Ebene - Die europäische Ebene - Die deutsche Ebene
Themenübergreifende Bezüge	Die Weimarer Republik
Thema	Die Außenpolitik Konrad Adenauers und die deutsche Wiedervereinigung
Material	Helmut Kohl über den Fall der Mauer und die deutsche Wiedervereinigung (2009)

Vorschlag C

Aufgaben

1.1 Fassen Sie die Aussagen Helmut Kohls in eigenen Worten zusammen. (Material) (20 BE)

1.2 Erläutern Sie - ausgehend vom Text - die Grundlinien der Außen- und Deutschlandpolitik Adenauers von 1949 bis 1955. (20 BE)

2 Charakterisieren Sie die unterschiedlichen Ausgangsbedingungen für die Außenpolitik der Bundesrepublik Deutschland und der Weimarer Republik. (30 BE)

3 „Der Mauerfall am 9. November 1989 und die deutsche Wiedervereinigung am 3. Oktober 1990 sind daher nicht zuletzt die beeindruckende, späte Bestätigung von Adenauers konsequentem Kurs der Westbindung mit Wiedervereinigungsvorbehalt [...].“ (Z. 43 ff.)
Überprüfen Sie, inwieweit diese Einschätzung Helmut Kohls zutrifft. (30 BE)

Material

Helmut Kohl über den Fall der Mauer und die deutsche Wiedervereinigung (2009)

Dass die Mauer irgendwann fallen und Deutschland wieder vereint würde, daran hatte ich nie einen Zweifel. Aber wie und wann dies geschehen würde, war für mich immer eine offene Frage. Lange Zeit wusste ich nicht einmal, ob sich dies noch zu meinen Lebzeiten ergeben würde. Es war immer klar, dass dafür vieles zusammenkommen musste - so, wie es in den Jahren 1989 und 1990 dann auch geschah. Nicht allein der Freiheitswillen der Menschen in der DDR, nicht allein Glasnost und Perestroika[1], nicht allein die Entspannungspolitik zwischen Ost und West, nicht allein der amerikanische Präsident George Bush, nicht allein der sowjetische Generalsekretär Michail Gorbatschow, nicht allein der deutsche Bundskanzler - niemand allein hätte ausgereicht, um die Mauer zu Fall und die Wiedervereinigung zustande zu bringen. Es bedurfte dazu vielmehr einer glücklichen, ich möchte sagen einer historischen Konstellation von Personen und Ereignissen. [...]

Auf die Wiedervereinigung unseres Landes hatte ich immer hingearbeitet. Es entsprach meiner tiefsten Überzeugung, dass wir die deutsche Frage offenhalten mussten, bis der Moment kommen würde. Ich habe mich dabei immer in der Kontinuität Konrad Adenauers gesehen. Der erste Bundeskanzler der Bundesrepublik Deutschland hat die entscheidenden Weichen in der deutschen Frage gestellt. Von Beginn an hatte Adenauer einen klaren Kompass. Er wollte Deutschland nach dem Zweiten Weltkrieg wieder in die Gemeinschaft der freien Völker zurückführen, er wollte ein freies und geeintes Europa mit einem freien und geeinten Deutschland. Er stand klar auf der Seite des freiheitlichen Westens, er war kein Wanderer zwischen West und Ost. Die Integration der Bundesrepublik in den freien Westen und die Bindung an die USA standen für ihn eindeutig vor der deutschen Wiedervereinigung, die er gleichwohl immer fest im Blick hatte. [...]

Was heute manchem wie eine Selbstverständlichkeit erscheint, war in den insgesamt labilen Jahren nach dem Zweiten Weltkrieg in höchstem Maße unsicher. Der Schumann-Plan von 1950 als Grundstein der heutigen Europäischen Union, der Deutschlandvertrag von 1952 mit der Aufhebung des Besatzungsstatuts und zugleich der Verpflichtung der Westmächte auf ein wiedervereintes Deutschland, der Beitritt der Bundesrepublik Deutschland zur Nato im Mai 1955, um nur einige wenige Punkte zu nennen - all dies trägt Adenauers Handschrift. Adenauer war sich sicher, dass die Attraktivität des Westens und der Freiheit irgendwann zur deutschen Wiedervereinigung führen müsste. Und er war immer auch klug genug, dies nicht um den Preis der Neutralität erreichen zu wollen.

Die brutale Niederschlagung des Volksaufstands in der DDR am 17. Juni 1953 durch sowjetische Truppen hat Konrad Adenauer darin bestärkt, das es keine verantwortbare Alternative zur Integration in den Westen gab. Es war richtig, dass die Westalliierten als Antwort auf die

Stalin-Note von 1952 im Einklang mit dem deutschen Bundeskanzler freie Wahlen in ganz Deutschland als Voraussetzung für weitere Schritte gefordert hatten. Denn die Bedingung Stalins war ein neutrales Deutschland gewesen. Adenauer ging zu Recht davon aus, dass eine Neutralisierung Deutschlands zu einem Machtvakuum in Europa führen würde, das die Sowjetunion ausfüllen würde. [...]

Aus meiner Sicht hatten Adenauers Überzeugungen nie an Aktualität verloren: Eine Wiedervereinigung ohne feste Einbettung in die westlichen Bündnisse hätte unser Land in die Neutralität geführt. Die Folge wäre letztlich ein unfreies Deutschland im Machtbereich der Sowjetunion gewesen. Der Mauerfall am 9. November 1989 und die deutsche Wiedervereinigung am 3. Oktober 1990 sind daher nicht zuletzt die beeindruckende, späte Bestätigung von Adenauers konsequentem Kurs der Westbindung mit Wiedervereinigungsvorbehalt, an dem wir über die Jahre festgehalten hatten.

Helmut Kohl: Vom Mauerfall zur Wiedervereinigung. Meine Erinnerungen; Knaur, München 2009, S. 8 - 12

Hinweise:
Helmut Kohl, geb. 1930, CDU-Politiker, 1969 bis 1976 Ministerpräsident des Landes Rheinland-Pfalz, 1982 bis 1998 Bundeskanzler der Bundesrepublik Deutschland

Die Rechtschreibung entspricht der Textvorlage.

Anmerkungen:
1 „Glasnost" (Transparenz, Öffentlichkeit) und „Perestroika" (Umbau) waren zentrale Strukturmerkmale der sowjetischen Reformpolitik unter Michail Gorbatschow seit 1985.

LÖSUNGSVORSCHLAG 2011 GK

Lösungsvorschlag Vorschlag A

A.1.1 Beschreiben Sie, wie Wieland [...] darstellt. (Material 1)

HINWEIS Lösen Sie bei der Wiedergabe eines Textes Chiffren und Verklausulierungen in der Quelle stets auf, um zu zeigen, dass Sie den Text verstanden haben. In diesem Fall verraten diese auch den persönlichen Standpunkt des Autors.

Lösungsschritte zu Aufgabe A.1.1

1	Den Text sehr aufmerksam durchlesen; auch die Erklärungen in den Fußnoten beachten
2	Beim zweiten Durchlesen Schlüsselbegriffe (z. B. „Volkspartei" und „Aristokraten") und gedankliche Absätze markieren; Text in Stichpunkten zusammenfassen (wird in Aufgabe 2 wieder benötigt); dabei rechts Rand für Ergänzungen lassen
3	Zu Beginn der eigenen Textwiedergabe einen einleitenden Satz formulieren, der über Textsorte, Autor, Thema und Inhalt informiert
4	Den Text in einigen Sätzen analysieren (Quellenart, Erscheinungsjahr, Zielsetzung, Bewertung der Aussagekraft, Zeitumstände, evtl. Sprache)
5	Die Aussagen Wielands zur Revolution strukturiert zusammenfassen
6	Die Einleitung (3. und 4.) überprüfen, ob sie die Punkte Ihrer Ausführungen wiedergibt

Stichpunktlösung zu Aufgabe A.1.1

Einleitung und Charakterisierung des Textes

In dem Zeitungsartikel „Betrachtungen über die gegenwärtige Lage des Vaterlandes" zieht der deutsche Schriftsteller Christoph Wieland einen kritischen Vergleich zwischen dem Ausbruch der Revolution in Frankreich und der Situation in Deutschland. Der Artikel wurde im „Teutschen Merkur" 1793 veröffentlicht und ist eine historische Quelle zur Rezeption der Französischen Revolution. Der Autor nimmt eine eher ablehnende Haltung gegenüber der Revolution ein.

Zusammenfassung

- Wieland fallen durchaus die Ähnlichkeiten zwischen der vorrevolutionären Situation in Frankreich und Deutschland auf, jedoch weist er auch auf Unterschiede hin (Z. 1 - 3)
- Ähnlichkeiten bestehen nach Wieland z. B. im politisch-gesellschaftlichen System,

das in beiden Ländern auf dem alten Feudalsystem mit seinen Vorrechten und dem Mangel an persönlichen Freiheiten aufbaute (Z. 3 - 9)

- Parallelen sieht Wieland außerdem in der Bildung einer Partei des dritten Standes („Volkspartei“), die ihre Forderungen gegenüber der Partei der Aristokraten durchsetzen wollte (Z. 16 - 18)
- Ihren Erfolg verdanke diese „Volkspartei“ vor allem ihrer zahlenmäßigen Überlegenheit über die Aristokratenpartei (Z. 21 f.); außerdem aber dem neuen Gedanken der Aufklärung (Z. 43 f.), ihrer enormen Beharrlichkeit (Z. 28 - 33) und dem Wechsel der Soldaten auf die Seite der Revolutionäre (Z. 34 - 36)
- Der Aufklärungsgedanke, der den Begriff „Freiheit“ (Z. 43 f.) ins Zentrum der Aufmerksamkeit gerückt habe, sei nun an die Stelle der ehemaligen Ergebenheit der Nation gegenüber ihrem König getreten (Z. 38 f.)
- Wielands Ablehnung der Revolution wird deutlich in der abwertenden Bezeichnung des dritten Standes als „großen Haufen“ (Z. 2 und 19) und in seiner Erleichterung darüber, dass eine Störung der öffentlichen Ruhe in Deutschland abgewendet sei (Z. 13 f.)

TIPP Gliedern Sie Ihre Ausführungen sinnvoll, indem Sie die Gedanken des Autors zusammenfassen und strukturieren. Eigene Formulierungen sollten sich sprachlich nicht zu sehr an den Autorentext anlehnen.

A.1.2 Arbeiten Sie heraus, wie der Revolutionsausbruch [...].

HINWEIS Die Lösung darf nicht nur die formale Darstellung des Bildinhalts umfassen, sondern der Bildinhalt soll zugleich mit Kenntnissen um das Ereignis (Erstürmung der Bastille) erläutert werden.

Lösungsschritte zu Aufgabe A.1.2

1	Die Aufgabenstellung sorgfältig lesen und sich verdeutlichen, was genau verlangt wird: Bildbeschreibung und Erläuterung der äußeren Umstände sowie der Intention
2	Notizen/kurzes Brainstorming (Stichworte): kurze Beschreibung der Bildelemente (Vorder- und Hintergrund, dargestellte Personen, Gesichtsausdruck, Körperhaltung); eigenes Wissen ergänzen, wie es zum Sturm auf die Bastille kam
3	Einen einleitenden Satz formulieren, der die Abbildung einordnet und charakterisiert (Quellenkritik)
4	Die in Schritt 2 gemachten Notizen in einem schriftlichen Text ausformulieren

Stichpunktlösung zu Aufgabe A 1.2

Einleitung

Der Stich mit dem Titel „Das Erwachen des Dritten Standes" aus dem Jahr 1789 ist eine Bildquelle zur Französischen Revolution. Er kommentiert die Erstürmung der Bastille.

Beschreibung der Bildquelle

- Der Stich zeigt im Vordergrund drei stilisierte Vertreter der Stände. Der „Adel" und der (wohlgenährte) „Klerus", in typischer Kleidung dargestellt, schrecken vor dem erwachenden dritten Stand zurück. Dieser trägt die Kleidung der Pariser Bürger, der politisch treibenden Kraft der Revolution, und richtet sich vom Boden auf, zerreißt seine Ketten und greift nach den links neben ihm liegenden Waffen, was sowohl Gewaltbereitschaft als auch Entschlossenheit symbolisieren soll, für die eigenen Interessen einzutreten
- Im Hintergrund sieht man die Erstürmung der Bastille durch Anhänger der Revolution. Diese Erstürmung geschieht gewaltvoll; bereits einige Teile des Gebäudes sind zerstört und die Angreifer tragen aufgespießte Köpfe auf ihren Waffen
- Die Bildunterschrift verdeutlicht, dass der Künstler ein Befürworter der Revolution ist; sie besagt, dass es für den dritten Stand „höchste Zeit [war], aufzuwachen"

Hintergrundinformationen zum Sturm auf die Bastille

- Erläuterung der sozialen und gesellschaftlichen Situation der drei Stände
- Vorgeschichte: Einberufung und Auflösung der Generalstände, Ballhausschwur
- Die Wirtschaftskrise, Arbeitslosigkeit, Hungersnot und Gerüchte über ein militärisches Eingreifen der Krone führten dazu, dass sich die Bürger von Paris bewaffneten
- Die Bastille war von jeher ein Symbol der Unterdrückung durch den absoluten Monarchen; militärisch hatte sie nur geringe Bedeutung
- Die gewaltsame Erstürmung der Bastille durch die Pariser Bürger war der Startschuss für die Neuordnung von Gesellschaft und Staat nach den Idealen der Aufklärung
- Parallel zu den Erfolgen der Revolution, Abschaffung der Privilegien und der Erklärung der Menschenrechte, verließen viele Adelige aus Angst das Land

> TIPP Aufgrund der geringeren Bewertungszahl (20 BE) kann diese Aufgabe auch erst nach den anderen Aufgaben gelöst werden.

A.2 Erläutern Sie unter Bezugnahme auf den Text [...].

HINWEIS Die Lösung zu dieser Aufgabe kann durchaus variieren. Wichtig ist, in den eigenen Ausführungen stets auf die Quelle Bezug zu nehmen.

Lösungsschritte zu Aufgabe A.2

1	Die Stichpunkte zur Lösung von Aufgabe 1.1 erneut lesen
2	Wichtige Ereignisse zwischen Mai 1789 und Januar 1793 aus dem eigenen Wissen auf dem rechts frei gelassenen Rand ergänzen
3	Die in Schritt 1 und 2 gemachten Notizen in einem strukturierten Text ausformulieren

Stichpunktlösung zu Aufgabe A.2

- Ungleiche steuerliche Belastung der drei Stände und teure Hofhaltung in Versailles hatten Frankreich in eine Finanzkrise geführt; Ausweitung zur Krise des Ancien Régime (Feudalsystem, das die ersten beiden Stände mit Vorrechten begünstigte, vgl. Z. 4 ff.)
- Programmschrift „Was ist der dritte Stand“ des adligen Geistlichen Abbé Sieyès formulierte bereits im Frühjahr 1789 dessen Forderungen nach politischer Mitsprache und Gleichberechtigung, betonte die unterschiedlichen Interessen der Stände und die physische Überlegenheit des dritten Standes (vgl. Z. 8 f., 21 f.)
- Einberufung der Generalstände zur Behebung der Finanzkrise; Streit über den Abstimmungsmodus und Auflösung; Rückzug der Abgeordneten des dritten Standes und ihrer Anhänger aus den anderen beiden Ständen ins Ballhaus; Erklärung zur Nationalversammlung; Ballhausschwur, Verfassung auszuarbeiten (vgl. Z. 27 ff.)
- 14. Juli 1789 Gewaltsame Erstürmung der Bastille durch die Pariser Bürger nach Gerüchten, der König würde Truppen gegen die Revolution zusammenziehen
- August 1789: Aufhebung der Privilegien und Proklamation der Menschen- und Bürgerrechte; vorläufiges Ende der Auseinandersetzungen

Die Daten, die Wieland nennt (vgl. Z. 39 f.), beschreiben die zunehmende Abkehr der französischen Nation von ihrem König

- Oktober 1789: König wurde im „Zug der Marktweiber“ zur Übersiedelung nach Paris gezwungen
- Sommer 1791: Fluchtversuch des Königs, der nicht gewillt war, die geplante Verfassung und deren freiheitliche Grundlagen anzuerkennen
- April 1792: Nach Kriegserklärung des revolutionären Frankreichs an Österreich und

dem Manifest des Herzogs von Braunschweig stürmte die aufgebrachte Menge die Tuilerien; Verhaftung des Königs

- September 1792: Der nach allgemeinem Wahlrecht gewählte Nationalkonvent beschloss die Abschaffung des Königtums
- Die von Wieland beschriebene Störung der öffentlichen Ordnung und die Radikalisierung der Revolution fanden ihren Höhepunkt in der Hinrichtung Ludwigs XVI. im Januar 1793

A.3 Diskutieren Sie, inwiefern die Ursachen [...]

HINWEIS Hier wird erwartet, dass Sie in die vergleichende Diskussion die wesentlichen Ursachen und aussagekräftige Fakten einbeziehen. Am Schluss wird von Ihnen ein Fazit in Form eines Sachurteils verlangt.

Lösungsschritte zu Aufgabe A.3

1	Ein Konzeptpapier mit einer vertikalen Linie teilen
2	Auf der linken Seite die Ursachen der Französischen Revolution notieren, auf der rechten Seite die Ursachen der Revolution von 1918/19
3	Verbindungslinien ziehen zwischen Ursachen, die ähnlich oder vergleichbar sind
4	Mithilfe dieser Vorstrukturierung des Stoffes einen Text formulieren; am Ende (!) die Frage nach der Vergleichbarkeit beantworten und die Antwort begründen
5	Die eigenen Ausführungen zu allen Teilaufgaben auf sprachliche Richtigkeit und Verständlichkeit prüfen; Rechtschreibung, Zeichensetzung und Grammatik beachten

Stichpunktlösung zu Aufgabe A.3

Ursachen der Französischen Revolution von 1789

- Staatsform: Absolutismus
- Ideen der politischen und gesellschaftlichen Aufklärung, verbunden mit den Forderungen nach Mitbestimmung durch den dritten Stand
- Überhöhte Schulden und Reformunfähigkeit des Ancien Régime
- Feudalsystem mit ungerechter Steuerverteilung auf die Stände
- Wirtschaftliche Krise in den Jahren vor der Revolution

Ursachen der Deutschen Revolution von 1918/19

- Staatsform: konstitutionelle Monarchie
- Ideen des Sozialismus und Kommunismus, Vorbild (und gleichzeitig Mahnung): Sowjetunion; Abspaltung der USPD, Bildung des Spartakusbundes
- Reformunfähigkeit der kaiserlichen Regierung, gleichzeitig Mehrheit der Reichstagsparteien reformwillig; Signal von außen: USA signalisiert, nur mit demokratisch legitimierter Regierung verhandeln zu wollen; vgl. Wilsons 14 Punkte
- Infolge des Krieges verschlechterte wirtschaftliche Lage (Kohlrübenwinter 1915/16)

Fazit

Es gibt vergleichbare Gesichtspunkte der beiden Revolutionen wie die Existenz neuer Ideen und Theorien (Aufklärung, Rätegedanke) oder die wirtschaftliche Krise. Und doch hatte bereits Wieland die Unterschiede betont, die auch hier überwiegen: Die Deutsche Revolution war nicht zuletzt ein Ergebnis des verlorenen Krieges, unterstützt durch Forderungen des Auslandes. Auch unterscheiden sich die gesellschaftlichen Systeme deutlich voneinander.

Schnell-Check Vorschlag A

Aufgabe	Thema/Aufgabentyp			Trainingstipps
A.1.1	Den Inhalt einer historischen Quelle in eigenen Worten formulieren			Lesestrategien üben: ■ Schlüsselwörter, Überschriften, Sinnabschnitte markieren ■ Den Argumentationsgang (These, Beispiele) erkennen ■ Hauptaussagen zusammenfassen
A.1.2	Eine Bildquelle erklären und in ihren historischen Kontext einordnen			■ Bildelemente entschlüsseln und beschreiben ■ Hintergrundwissen ergänzen ■ Einen Text ausformulieren
A.2	Einen bestimmten historischen Zeitabschnitt unter Bezugnahme auf eine Quelle erklären können			■ Stichworte durch eigene Gedanken ergänzen ■ Stichpunkte chronologisch und nach Priorität ordnen ■ Im Text ausformulieren
A.3	Zwei historische Ereignisse (hier: Revolutionen) vergleichen			■ Vergleichskriterien finden ■ Gemeinsamkeiten und Unterschiede festhalten ■ Ausformulieren und Fazit ziehen

Lösungsvorschlag Vorschlag B

B.1 Geben Sie die [...] Inhalte der Quelle [...] wieder. (Material)

> HINWEIS Die Quelle ist ein Zeitzeugenbericht einer ehemaligen jüdischen Insassin eines Konzentrationslagers. Er ist also subjektiv geschrieben und mit einigem zeitlichen Abstand verfasst.

Lösungsschritte zu Aufgabe B.1

1	Zuerst den biografischen Hinweis am Fuß des Textes beachten. Danach den Text sehr aufmerksam durchlesen
2	Beim zweiten Durchlesen Schlüsselbegriffe (z. B. „Willkommenszeremonie") und gedankliche Absätze markieren
3	Zu Beginn der eigenen Textwiedergabe einen einleitenden Satz, der Textsorte, Autor, Thema und Inhalt zusammenfasst, formulieren
4	Den Text in einigen Sätzen analysieren (Quellenart, Erscheinungsjahr, Zielsetzung, Bewertung der Aussagekraft, Zeitumstände, evtl. Sprache)
5	Die wesentlichen Inhalte mit eigenen Worten zusammenfassen
6	Die Einleitung (3. und 4.) überprüfen, ob sie die Punkte Ihrer Ausführungen wiedergibt

Stichpunktlösung zu Aufgabe B.1

Einleitung und Charakterisierung des Textes

In dem autobiografisch verfassten Text „Ihr sollt die Wahrheit erben" schildert Anita Lasker-Wallfisch die Deportation in das Konzentrationslager Auschwitz-Birkenau sowie die Art und Weise, wie neu ankommende Häftlinge dort behandelt wurden.

Bei dem Text handelt es sich um eine Quelle, die 1996 aus der Erinnerung heraus verfasst wurde. Die Autorin hat das Grauen des Konzentrationslagers persönlich miterlebt, der Bericht ist subjektiv und als Zeitzeugenbericht aussagekräftig.

Zusammenfassung

- Während des gesamten Textes fällt die ungeheure Verharmlosung der schrecklichen Vorgänge durch Euphemismen der Aufseher gegenüber den Insassen auf, z. B. „Willkommens-Zeremonie" (Z. 19 f.) oder „Sauna" (Z. 36)
- Gleichzeitig soll der Anschein entstehen, es würde alles ordnungsgemäß und in rechtsstaatlichen Bahnen verlaufen; deutlich wird das an der „medizinischen Untersuchung" und an zu leistenden Unterschriften (Z. 2 f.)

- Bei der Ankunft im KZ wurden die Häftlinge in der Regel selektiert und entschieden, wer ins Lager kommt und wer direkt in der Gaskammer ermordet wurde (Z. 9 - 12)
- Durch verschiedene Maßnahmen wurden die Häftlinge gleich zu Beginn ihrer Individualität und Würde beraubt, z. B. durch das völlige Entkleiden, Abrasieren der Haare oder das Eintätowieren einer Nummer am Unterarm; für die Durchführung dieser Maßnahmen wurden bereits eingesperrte Häftlinge herangezogen (Z. 19 - 29)
- In der Folgezeit waren die Häftlinge ständigen willkürlichen Prozeduren ausgesetzt, etwa stundenlanges Appellstehen mit dem Verbot, sich zu bewegen (Z. 42 - 53)

Fazit

Insgesamt spiegeln die Erzählungen der Autorin die Praxis der menschenverachtenden NS-Ideologie in ihrer ganzen Härte wieder.

> TIPP In Ihrem eigenen Text können Sie durchaus den Autorentext reorganisieren. Gliedern Sie Ihre Ausführungen sinnvoll, indem Sie die Gedanken der Autorin zusammenfassen und strukturieren. Eigene Formulierungen sollten sich sprachlich nicht zu sehr an den Autorentext anlehnen.

B.2.1 „In kürzester Zeit fand man ...“ [...] Analysieren Sie [...]

> HINWEIS Das Zitat soll als Ausgangspunkt für eine Darlegung der NS-Ideologie dienen. Alle weiteren Gedanken müssen aus dem eigenen Wissen formuliert werden. Dafür sollten diese vorstrukturiert werden.

Lösungsschritte zu Aufgabe B.2.1

1	Eine Mindmap anfertigen (Bleistift), um sich die verschiedenen Verknüpfungen zwischen Gedanken der NS-Ideologie zu veranschaulichen
2	Fakten und Zusammenhänge zur Verletzung der Menschenwürde ergänzen, die aus dem Unterricht vertraut sind
3	Die in Schritt 1 und 2 gemachten Notizen in einem Text strukturiert ausformulieren

Stichpunktlösung zu Aufgabe B.2.1

- Die NS-Ideologie geht von einer grundsätzlichen Verschiedenheit der menschlichen Rassen aus; Vorgabe pseudowissenschaftlicher erbbiologischer Begründungen
- Einteilung der Menschen in höhere und niedere Rassen; daraus resultierend die Un-

terwerfung und physische Vernichtung der „minderwertigen Rassen" („Parasiten", „Kuli- und Fellachenrassen"); Verletzung des Gleichheitsgrundsatzes aller Menschen

- Allein die Arier seien die „Herrenrasse" und damit auch kulturbegründend. Die Juden als „Kulturzerstörer" müssten als „Schädlinge" vernichtet werden; Verletzung des Rechtes auf Leben und körperliche Unversehrtheit
- Umdeutung der Lehre Darwins zum sog. Sozialdarwinismus, indem die Nationalsozialisten den Mechanismus der natürlichen Auslese auf die Gesellschaft anwenden; Verletzung der Menschenwürde
- Aufgabe des Staates sollte die Reinhaltung der Rasse („Rassenhygiene") sein; Ausmerzung „lebensunwerten Lebens" (euphemistisch als „Euthanasie" = „Gnadentod" umschrieben), Zwangssterilisation bei Erbkranken; Verletzung der Menschenwürde
- Lebensraumpolitik: Ziel, neuen „Lebensraum" für die arische Rasse im Osten (Russland) zu gewinnen; Begründung: „Volk ohne Raum" (vgl. Hitler, Mein Kampf); dabei Zerschlagung des Bolschewismus, Germanisierung der eroberten Gebiete

> TIPP Achten Sie darauf, dass Sie Ihre Gedanken immer wieder auf das Zitat der Autorin beziehen.

B.2.2 Erläutern Sie unter Berücksichtigung der Quelle [...]

> HINWEIS Die Quelle bietet zahlreiche Ansatzpunkte, um davon ausgehend die nationalsozialistische Politik gegenüber den deutschen Juden zu beschreiben. Sie dürfen diese jedoch durchaus ergänzen und sind nicht zwangsläufig an den Text gebunden. Eine gewisse Chronologie sollte eingehalten werden.

Lösungsschritte zu Aufgabe B.2.2

1	Die eigenen Markierungen im Text überfliegen (Aufgabe 1, Lösungsschritt 2); welche Maßnahmen der NS-Politik kommen in der Quelle explizit vor?
2	Eigene Gedanken zur NS-Politik, die aus dem Unterricht vertraut sind, in Stichpunkten auf einem Konzeptpapier notieren; Maßnahmen aus dem Text zeitlich einordnen
3	Die in Schritt 1 und 2 gemachten Notizen in einem Text strukturiert ausformulieren

Stichpunktlösung zu Aufgabe B.2.2

- Bereits vor 1938 hatten die Nationalsozialisten zum Boykott jüdischer Geschäfte aufgerufen; Juden wurden aus dem Staatsdienst ausgeschlossen; mit den Nürnberger Rassegesetzen von 1935 verloren die Juden ihre staatsbürgerlichen Rechte

- 1938 wurde ein Berufsverbot für jüdische Ärzte, Rechtsanwälte und Wissenschaftler verhängt; jüdische Reisepässe waren eingezogen und mit einem „J“ versehen worden; sie wurden gezwungen, die Zwangsvornamen „Sara“ und „Israel“ anzunehmen
- Auf das Attentat des Juden Grünspan auf den deutschen Gesandtschaftssekretär in Paris 1938 reagierten die Nationalsozialisten mit einem Judenpogrom („Reichskristallnacht“); zahlreiche jüdische Synagogen und Geschäftshäuser wurden zerstört
- Im November desselben Jahres schränkte eine Polizeiverordnung die Bewegungsfreiheit der Juden ein; es kam zu willkürlichen Verhaftungen
- Nach Kriegsbeginn begannen die Deportationen von Juden in polnische Ghettos und der Einsatz der Juden zur Zwangsarbeit in Rüstungsbetrieben
- 1941 wurde Juden die Auswanderung ins Ausland verboten, sie wurden gezwungen, den Judenstern zu tragen; ihr Vermögen wurde bei ihrer Deportation eingezogen
- Auf der sogenannten „Wannsee-Konferenz“ wurde 1942 die „Endlösung“ der Judenfrage beschlossen, im Juni begannen die Massenvergasungen in Auschwitz; in diesen Zeitrahmen - Massendeportationen und Ermordung - ist die Textquelle einzufügen
- Diese Maßnahmen wurden in ungebremster Härte bis zur Befreiung der KZ-Häftlinge durch die Alliierten 1945 fortgesetzt

> TIPP Es empfiehlt sich der Vollständigkeit halber, auch auf die Zeit vor 1938 einzugehen, diesen Abschnitt aber kurz zu halten.

B.3 Überprüfen Sie, inwiefern die Erfahrung […] prägte.

> HINWEIS Die Lösungen zu dieser Aufgabe können durchaus unterschiedlich ausfallen. Je nachdem, welche Schwerpunkte im Unterricht gesetzt wurden, können verschiedene Beispiele gewählt werden.

Lösungsschritte zu Aufgabe B.3

1	Die Stichpunkte von Aufgabe 2.2, Lösungsschritt 2 überfliegen
2	In einer anderen Farbe in Stichpunkten ergänzen, welche verfassungsrechtlichen und politischen Konsequenzen gezogen wurden, um dieses Handeln künftig zu unterbinden
3	Auf diese Art vorstrukturiert nun einen Text formulieren; am Ende (!) ein Fazit ziehen
4	Die eigenen Ausführungen zu allen Teilaufgaben auf sprachliche Richtigkeit und Verständlichkeit prüfen; Rechtschreibung, Zeichensetzung und Grammatik beachten

Stichpunktlösung zu Aufgabe B.3

Verfassungsrechtliche Konsequenzen

- Die Grundrechte sind vorstaatlich und unantastbar (Artikel 1 GG); Schutz und Garantie der Grundrechte (Art. 19,2 GG)
- Einführung eines Rechts auf Widerstand für jeden Bundesbürger, wenn die FDGO bedroht und andere Hilfe nicht möglich ist (Art. 20,4 GG), d. h. wenn alle anderen Möglichkeiten des Grundrechtsschutzes versagen
- Mit der „Ewigkeitsklausel" (Art. 79,3 GG) werden Artikel 1 und 20 besonders geschützt, danach ist eine Änderung dieser Artikel nicht zulässig
- Verankerung eines Auftrags an die Parteien in der Verfassung: ihre Parteiprogramme müssen auf dem Boden der freiheitlich-demokratischen Grundordnung (FDGO) stehen
- Abschaffung der Plebiszite/Volksentscheide auf Bundesebene; Mediatisierung der Wähler, um den Einfluss radikaler Parteien bei der politischen Willensbildung (Volksverhetzung) zu vermeiden
- Die Notstandsgesetze von 1968 dürfen die Grundrechte nur sehr eingeschränkt außer Kraft setzen
- Das Asylrecht war bis 1993 vor allem ein im Grundgesetz verankertes Recht für politisch Verfolgte

Politische Konsequenzen

- Die Bundesrepublik ist als Mitglied der NATO vor allem um Friedenssicherung bemüht; die Bundeswehr wurde als Verteidigungsarmee gegründet
- Sie bemüht sich im Rahmen von UN-Einsätzen vor allem um die Erhaltung des Friedens in Krisenregionen
- Die BRD pflegt besonders durch den Bundespräsidenten als Staatsoberhaupt gute Beziehungen zum Staat Israel
- Auch nach der Erlangung der vollen staatlichen Souveränität ist die BRD um die Aufarbeitung der NS-Vergangenheit bemüht, sinnbildlich verdeutlicht durch den „Kniefall" von Bundeskanzler Brandt in Warschau im Dezember 1970

Fazit

Die Bundesrepublik sieht sich sowohl in verfassungsrechtlicher als auch in politischer Hinsicht der Aufarbeitung und der Übernahme von Verantwortung verpflichtet, die aus der NS-Vergangenheit resultiert.

Schnell-Check Vorschlag B

Aufgabe	Thema/Aufgabentyp			Trainingstipps
B.1	Einen Zeitzeugenbericht mit eigenen Worten wiedergeben			Lesestrategien üben: ■ Schlüsselwörter, Überschriften, Sinnabschnitte markieren ■ Den Argumentationsgang (These, Beispiele) erkennen ■ Thesen des Autors strukturiert zusammenfassen
B.2.1	Bestandteile einer Ideologie darstellen			■ Mindmap erstellen ■ Fakten aus dem Text und eigenes Wissen eintragen ■ Als Text ausformulieren
B.2.2	Eine Fragestellung strukturgeschichtlich bearbeiten			■ Stichpunkte sammeln, chronologisch und nach Aussagekraft ordnen ■ Zitate oder Ereignisse aus dem Text einarbeiten
B.3	Die politische Wirkung einer historischen Erfahrung überprüfen			■ Beispiele finden, die die Wirkung aufzeigen oder widerlegen ■ Die Beispiele in ihrer Aussagekraft abwägen ■ Gedankengang in einer begründeten These abschließen

Lösungsvorschlag Vorschlag C

C.1.1 Fassen Sie die Aussagen [...] zusammen. (Material)

HINWEIS Die Quelle stammt aus den Memoiren des Altbundeskanzlers Kohl (CDU). Sie ist also subjektiv geschrieben und mit Blick auf die Verdienste des ersten Bundeskanzlers Adenauer (CDU) verfasst.

Lösungsschritte zu Aufgabe C.1.1

1	Zuerst den biografischen Hinweis am Fuß des Textes beachten. Danach den Text sehr aufmerksam durchlesen
2	Beim zweiten Durchlesen Schlüsselbegriffe (z. B. „historische Konstellation") und gedankliche Absätze markieren
3	Zu Beginn der eigenen Textwiedergabe einen einleitenden Satz, der Textsorte, Autor, Thema und Inhalt zusammenfasst, formulieren
4	Die Quelle in einigen Sätzen analysieren und charakterisieren (Quellenart, Erscheinungsjahr, Zielsetzung, Bewertung der Aussagekraft, Zeitumstände, evtl. Sprache)
5	Den Text in eigenen Worten zusammenfassen
6	Die Einleitung (3. + 4.) überprüfen, ob sie die Punkte Ihrer Ausführungen wiedergibt

Stichpunktlösung zu Aufgabe C.1.1

Einleitung und Charakterisierung des Textes

In dem Auszug aus seinen Memoiren reflektiert der ehemalige Bundeskanzler Helmut Kohl über den Beitrag, den der ehemalige Bundeskanzler Konrad Adenauer mit seiner Politik der Westintegration nach dem Krieg für die deutsche Wiedervereinigung geleistet hat.
Der Text ist eine historische Darstellung, die 2009 veröffentlicht wurde. Er ist aus subjektiver Sicht geschrieben und die Sympathie des Autors für Adenauer wird in seiner Würdigung deutlich. Unter Bundeskanzler Kohl wurde die deutsche Wiedervereinigung verwirklicht.

Zusammenfassung

- Nach der Einschätzung von Helmut Kohl war die deutsche Wiedervereinigung eine Frage der Zeit. Sie sei letztlich kein Verdienst einer einzelnen Person, sondern das Ergebnis einer „glücklichen historischen Konstellation" von Ereignissen, Entwicklungen und Akteuren (Z. 1 - 11)
- Kohl selbst habe die deutsche Frage immer bewusst offen gehalten und sich darin in der Nachfolge Adenauers gesehen (Z. 12 - 14)

- Vordringliches Ziel Adenauers war es, die Westbindung der Bundesrepublik zu erreichen; die Frage der deutschen Wiedervereinigung habe er zurückgestellt (Z. 15 - 22)
- Genau diese Westbindung war in den ersten Jahren nach Gründung der Bundesrepublik noch nicht sicher; Montanunion, Deutschlandvertrag und Aufnahme in die NATO seien Ausdruck von Adenauers außenpolitischem Geschick; er sei sicher gewesen, dass die Anziehungskraft des Westens zur Wiedervereinigung führen würde (Z. 23 - 31)
- Die Vorgehensweise der Sowjetunion (17. Juni 1953) habe Adenauer in seiner Auffassung bestärkt, nicht auf Angebote der SU einzugehen und sich der Rolle Westdeutschlands in der Stabilisierung Europas bewusst zu werden (Z. 32 - 39)
- Somit bestätige die deutsche Wiedervereinigung 1990 nachträglich den von Adenauer eingeschlagenen Kurs (Z. 40 - 46)

> TIPP Gliedern Sie Ihre Ausführungen sinnvoll, indem Sie die Gedanken des Autors zusammenfassen und strukturieren. Eigene Formulierungen sollten sich sprachlich nicht zu sehr an den Autorentext anlehnen.

C.1.2 Erläutern Sie - ausgehend vom Text [...]

> HINWEIS Weil der Text aus subjektiver Perspektive verfasst ist, soll er hier nun erläutert werden und neben den Belegen, die der Autor selbst nennt, sollen weitere ergänzt werden.

Lösungsschritte zu Aufgabe C.1.2

1	Nochmals die eigenen Markierungen im Text überfliegen
2	An den Rand des Textes wichtige Ergänzungen zur Außen- und Deutschlandpolitik Adenauers hinzufügen
3	Die in Schritt 1 und 2 gemachten Notizen in einem strukturierten Text ausformulieren

Stichpunktlösung zu Aufgabe C.1.2

- Nach der bedingungslosen Kapitulation des Dritten Reiches hatte Deutschland aufgehört, als Staat zu existieren; die Alliierten hatten sich auf der Potsdamer Konferenz darauf geeinigt, Deutschland zu besetzen, zu teilen und gemeinsam zu verwalten
- Die Sowjetunion unterstützte in ihrem Einflussbereich kommunistische Regierungen

- Die USA wollte den russischen Einfluss in Europa eindämmen (Containment-Politik); Maßnahmen dazu waren Wiederaufbauhilfe für Westeuropa inkl. Westdeutschland (Marshall-Plan 1947); Beauftragung eines parlamentarischen Rats, eine Verfassung für Westdeutschland zu formulieren; Adenauer war erster Vorsitzender des Rates (1948)
- 1949 doppelte Staatsgründung; die deutsche Teilung war faktisch abgeschlossen
- Schumann-Plan und Montanunion (EGKS) (1950/1952): Grundstein für ein wirtschaftlich starkes Europa; Annäherung der ehemaligen „Erbfeinde" Deutschland und Frankreich
- Deutschlandvertrag 1952: BRD erhielt eingeschränkte staatliche Souveränität; Wiederbewaffnung und Integration der deutschen Streitkräfte in das Europäische Verteidigungsbündnis (EVG) und in die NATO; Ziel: Geschlossenheit der westlichen Welt
- Die Strategie war, durch wirtschaftliche Stärke die Anziehungskraft des Westens zu erhöhen und den Kommunismus zu schwächen
- Wie stark die Wirkung dieser Strategie war, zeigte sich in der Stalin-Note von 1952, die die Wiedervereinigung unter der Bedingung eines blockfreien neutralen Deutschlands in Aussicht stellte
- Die Bundesrepublik erklärte in der Hallstein-Doktrin (1957) ihren Alleinvertretungsanspruch und erkannte die DDR nicht als Staat an

TIPP Achten Sie darauf, dass Sie Ihre Gedanken immer wieder auf den Autorentext beziehen.

C.2 Charakterisieren Sie die [...] Ausgangsbedingungen [...].

HINWEIS Obwohl es die Aufgabenstellung nicht nahelegt, wird hier neben der Charakterisierung auch ein Vergleich der unterschiedlichen Ausgangsbedingungen erwartet. Außerdem ist zu beachten, dass bezüglich der BRD erst der Zeitraum ab 1949 gefragt ist, die direkte Nachkriegszeit aber nicht.

Lösungsschritte zu Aufgabe C.2

1	Anlegen einer stichpunktartigen, tabellarischen Gegenüberstellung der Elemente der Ausgangsbedingungen von Weimarer Republik und BRD
2	Überlegen, welche Punkte miteinander vergleichbar und aussagekräftig sind, z. B. Souveränität, außenpolitische Bündnismöglichkeiten, gesellschaftliche Akzeptanz der deutschen Außenpolitik
3	Die in Schritt 1 und 2 gemachten Notizen in einem strukturierten Text ausformulieren

Stichpunktlösung zu Aufgabe C.2

Souveränität und Einheit des Staatsgebiets

- Die Weimarer Republik (WR) musste zwar Gebiete abtreten, blieb aber als Staat eine Einheit und souverän; in der BRD galt nach 1949 noch das Besatzungsstatut, das den drei westlichen Militärgouverneuren Eingriffe in die deutsche Außenpolitik erlaubte
- Die staatliche Ungeteiltheit und Souveränität der WR konnte aber auch Revisionismus und erneutes Weltmachtstreben in konservativ-nationalistischen Kreisen fördern; in der BRD war dies aufgrund der Aufteilung in Besatzungszonen undenkbar

Internationale Mächtekonstellation

- Nach dem Ersten Weltkrieg 1918/19 musste Europa die weltpolitische Führungsrolle an die neue Weltmacht USA abtreten; nach dem Bruch der Anti-Hitler-Koalition 1949 ist die Welt in zwei Lager geteilt (Kalter Krieg)
- Die WR blieb bis zum Vertrag von Rapallo 1922 (mit der SU) außenpolitisch isoliert; die BRD wurde bereits in den 1950er-Jahren in die westliche Staatengemeinschaft integriert

Friedensvertrag

- Die Politik der WR wurde vor allem auch durch die harten Bestimmungen des Versailler Vertrages beeinträchtigt (fehlende gesellschaftliche Akzeptanz, Revisionismus)
- Die Gründung der BRD war eine Folge der Verschlechterung des amerikanisch-sowjetischen Verhältnisses nach 1948; sie hatte eine Funktion als Bollwerk gegen den Kommunismus zu erfüllen und wurde daher wirtschaftlich unterstützt

Fazit

Die Ausgangsbedingungen für die Außenpolitik waren für die BRD andere als für die Weimarer Republik, da sich die internationale Mächtekonstellation geändert hatte (Kalter Krieg) und die BRD als nur eingeschränkt souveräner Staat dem Einfluss der Siegermächte unterstand.

> TIPP Ein schrittweiser Vergleich der Ausgangsbedingungen der beiden deutschen Staaten ist einer blockweisen Behandlung vorzuziehen, weil die Unterschiede dann deutlicher dargestellt werden können.

C.3 Überprüfen Sie, inwieweit diese Einschätzung [...] zutrifft.

> HINWEIS Die Lösung zu dieser Aufgabe kann in ihrem Ergebnis durchaus unterschiedlich ausfallen. Je nachdem, welche Schwerpunkte im Unterricht gesetzt wurden, können verschiedene Beispiele gewählt werden.

Lösungsschritte zu Aufgabe C.3

1	Erneut die Passage im Text Z. 1 – 11 lesen, da hier wichtige Aspekte genannt werden
2	Tabellarisch Aspekte auflisten, welche die These Kohls stützen bzw. sie relativieren
3	Auf diese Art vorstrukturiert einen Text formulieren; am Ende (!) ein Fazit ziehen
4	Die eigenen Ausführungen für alle Teilaufgaben auf sprachliche Richtigkeit und Verständlichkeit prüfen; Rechtschreibung, Zeichensetzung und Grammatik beachten

Stichpunktlösung zu Aufgabe C.3

Aspekte, welche die These Kohls stützen

- Die sehr unterschiedlich verlaufende wirtschaftliche Entwicklung in den beiden deutschen Staaten machte das westdeutsche Modell einer sozialen Marktwirtschaft mit ihrem reichen Angebot an Konsumgütern für die DDR-Bürger attraktiv
- Es besteht ein Zusammenhang zwischen der Westintegration und der wirtschaftlichen Stärke der BRD, die begünstigt wurde durch finanzielle Hilfen (Marshall-Plan)
- Die Vorgehensweise der SU bei der Integration der osteuropäischen Staaten in ihren Machtbereich (Einführung ihres politischen wie wirtschaftlichen Systems) ließ vermuten, dass eine zu frühe Wiedervereinigung Deutschlands unter den Umständen der 1950er-Jahre nicht positiv verlaufen wäre
- Die Gemeinsamkeit der Interessen Adenauers mit den Westmächten und Integration der BRD als gleichberechtigten Partner in Europa (Aussöhnung mit Frankreich) und international (Mitglied der NATO) sind in der Tat wichtige Schritte für die Wiedervereinigung eines Landes, das die volle Souveränität erst wiedererlangen musste

Aspekte, welche die These Kohls relativieren

- Zunächst wird die Teilung durch die doppelte Staatsgründung und die deutliche Entscheidung Adenauers für die Westintegration der BRD eher verschärft; Angebote zur Wiedervereinigung von sowjetischer Seite (Stalin-Note 1952) lehnte Adenauer ab
- Die neue Ostpolitik der Regierung Brandt (Egon Bahr: „Wandel durch Annäherung“) ermöglichte erst ein entspannteres Verhältnis von Ost und West
- Begünstigt wurde dieser Prozess durch den KSZE-Prozess, der auch die DDR als Verhandlungspartner anerkannte
- In den 1980er-Jahren traten die Schwächen der Sowjetunion offen zutage, die durch die Reformpolitik Gorbatschows nicht beseitigt, sondern nur kommuniziert werden konnten
- Damit verbunden sind sowohl die wirtschaftliche Krise in der DDR als auch der mo-

ralische Niedergang der SED-Führung, was zu einer starken politischen Opposition und Protestbewegung führte

- Letztlich mussten auch die ehemaligen Alliierten im Zwei-plus-Vier-Vertrag einer deutschen Einigung zustimmen

Fazit

Letztlich stimmt die Einschätzung, die Kohl zu Beginn seines Textes formuliert, dass für die Wiedervereinigung „vieles zusammenkommen musste“ und „niemand allein“ zu ihrer Bewerkstelligung ausgereicht hätte. Adenauers Verdienst besteht also vor allem in der Schaffung einer Attraktivität des Modells der BRD und deren Etablierung als glaubwürdiger und integrer Verhandlungspartner in der internationalen Politik.

Schnell-Check Vorschlag C

Aufgabe	Thema/Aufgabentyp			Trainingstipps
C.1.1	Einen Text mit eigenen Worten wiedergeben			Lesestrategien üben: ■ Schlüsselwörter, Überschriften, Sinnabschnitte markieren ■ Den Argumentationsgang (These, Beispiele) erkennen ■ Thesen des Autors strukturiert zusammenfassen
C.1.2	Ausgehend vom Text einen historischen Sachverhalt erläutern			■ Aussagen des Textes notieren ■ Eigenes Wissen stichpunktartig ergänzen ■ Im Text ausformulieren
C.2	Historische Ausgangsbedingungen vergleichen			■ Vergleichskriterien tabellarisch in Stichpunkten auflisten ■ Unterschiede farbig kennzeichnen ■ Im Text ausformulieren
C.3	Ein Urteil über ein historisches Ereignis überprüfen			■ Argumente finden, die diese These widerlegen oder stützen können ■ Die Argumente in ihrer Aussagekraft abwägen ■ Gedankengang in einer begründeten These abschließen

PRÜFUNGSAUFGABEN 2010 LK

HINWEIS Vorschlag A wird nicht abgedruckt.

Aufgabentyp	Problemerörterung auf der Grundlage von historischen Quellen
Thematischer Schwerpunkt	Modernität und Antimodernität in der Zeit der Weimarer Republik und des Nationalsozialismus: Der völkische Staat
Themenübergreifende Bezüge	Französische Revolution, Krise des Ancien Régime
Thema	Nationalsozialistische Ideologie und Französische Revolution
Material	Alfred Rosenberg über die Französische Revolution (1939)

Vorschlag B

Aufgaben

1 Fassen Sie zusammen, wie Rosenberg die Französische Revolution und ihre Folgen sieht. (Material) (20 BE)

2 Rosenberg spricht vom Sturm auf die Bastille als „Geburtstag“ (Z. 2) und Befreiungstag der „Gefangenen des alten Königs-Regimes“ (Z. 3). Erläutern Sie demgegenüber Ursachen und Bedeutung des Sturms auf die Bastille für die Anfangsphase der Französischen Revolution. (25 BE)

3 Charakterisieren Sie – ausgehend von der Quelle – die zentralen Elemente der nationalsozialistischen Ideologie. (30 BE)

4 Diskutieren Sie, ob es angemessen ist, die nationalsozialistische Machtübernahme als Revolution zu bezeichnen. (25 BE)

Material

Alfred Rosenberg über die Französische Revolution (1939)

In Frankreich haben die Vorbereitungen zur Feier des Gedenktages der sogenannten großen französischen Revolution bereits begonnen. Sie begehen dort den 150. Geburtstag dieser Revolution, sie feiern den Tag, da die Bastille in Paris gestürmt und die Gefangenen des alten Königs-Regimes befreit wurden. [...]

Diese Revolution bleibt der Versuch, einem mittelalterlichen Universalismus[1] eine ebenso wurzellose Demokratie entgegenzusetzen, ein Unternehmen, das sich gegen die aristokratischen Gesetze der Natur erhob, viele Schwärmer und Träumer um sich sammelte, aber auch den Weg für viele Verschwörer und politische Spekulanten ebnete. Wenn am 14. Juli dieses Jahres der 150. Geburtstag der französischen Revolution begangen wird, so darf man sicher sein, daß die sogenannte demokratische Welt hier noch einmal eine riesige Weltpropaganda aufmacht, um die Herrlichkeiten der Weltdemokratien zu demonstrieren. Aber es scheint uns, daß gerade das schon aufdringlich einsetzende Freudengeläute nur ein Grabesläuten über ein untergehendes Zeitalter ist. Denn, was einmal Hochschwung und revolutionäres Absterben eines unerträglichen Zustandes war, wie im 18. Jahrhundert, ist in alle Niederungen eines entarteten[2] sozial-politischen Lebens hinabgestiegen. Mit der Judenemanzipation begann der Verrat an Europa, und die Negeremanzipation, die heute grundsätzlich zugestanden ist [...], ist ein neuer Schritt, der, wenn er weitere politische Ereignisse zeitigen wird, den Untergang einer ganzen großen Kultur herbeiführen muß. [...]

Möglich ist nun, daß die demokratische Idee, die im tiefsten Innern keine Rangordnung und keine innere Leistung, sondern als Ziel die zwangsweise Gleichmachung durch skrupelloses Geschäftsgebaren kennt, nicht so verheerende Auswirkungen gehabt hätte, wie wir sie heute beobachten, wenn nicht eine Neuerscheinung der Geschichte ihre lebenswidrige Grundlage besonders deutlich enthüllt hätte.

Um die Mitte des 19. Jahrhunderts brach das technische Industriezeitalter über die Welt herein. [...]

Es ist menschlich und auch politisch verständlich, wenn sich verzweifelte Millionen nunmehr ungehemmt einer faszinierenden Idee ergaben und dann zu einer Internationale als Lösung aus ihrem Elend beteten. Ebenso ist es eine naturnotwendige Auswirkung, daß der nunmehr emanzipierte Jude sich in verstärktem Maße in die Wunde der Völker als Parasit hineinsaugte und somit, anstatt sie heilen zu helfen, diese Wunden noch weiter aufriß.

Durch die Verbindung einer uferlosen demokratischen Idee mit der sozialen Krise waren die Vorbedingungen für die radikale marxistische Bewegung gegeben. Aus diesem Grunde [...] kann man die Geschichte unserer Zeit nicht schreiben, ohne sie als Ergebnis auch des französischen Zusammenbruchs von 1789 zu begreifen. Das 18. Jahrhundert hatte die Macht, morsch gewordene Bindungen zu zerstören; es fehlte ihm aber die schöpferische Kraft, neue Bindungen für das europäische Leben zu schaffen.

Wolfgang von Hippel (Hrsg.): Freiheit, Gleichheit, Brüderlichkeit? Die Französische Revolution im deutschen Urteil, München 1989, S. 354 - 356

Hinweise:
Alfred Rosenberg (1893 - 1946), der Chefredakteur des „Völkischen Beobachters“, des Zentralorgans der NSDAP, betrachtete sich als den ideologischen Vordenker und führenden „Kulturpolitiker“ des Nationalsozialismus. Er veröffentlichte zahlreiche Propagandaschriften. Ein Vorstoß in die erste Reihe der NS-Führung gelang ihm jedoch nicht.

Die Rechtschreibung entspricht der des Originals.

Anmerkungen:
1 eine die Grenzen einzelner Staaten und Völker übergreifende politische oder religiöse Strömung oder Organisation (z. B. Papsttum und Katholische Kirche)
2 in der Terminologie der Nationalsozialisten: der eigenen „Art“ (= „Rasse“) widersprechend, degeneriert

Aufgabentyp	Problemerörterung auf der Grundlage von historischen Quellen
Thematischer Schwerpunkt	Konflikt und Kooperation in der Welt nach 1945: Der Zerfall der Anti-Hitler-Koalition und der Beginn des Ost-West-Konflikts
Themenübergreifende Bezüge	Nationalsozialistische Außenpolitik und Zweiter Weltkrieg
Thema	Die Entstehung des Kalten Krieges
Material	Schreiben des amerikanischen Handelsministers Henry A. Wallace an Präsident Truman (23. Juli 1946)

Vorschlag C

Aufgaben

1 Fassen Sie die wesentlichen Aussagen der Quelle in eigenen Worten zusammen. (Material) (20 BE)

2.1 Ordnen Sie das Schreiben des amerikanischen Handelsministers in die Geschichte der amerikanisch-sowjetischen Beziehungen zwischen 1941 und 1946 ein. (25 BE)

2.2 Prüfen Sie, inwieweit die Konzeption von Wallace mit der 1946 im Entstehen begriffenen Containment-Politik der Regierung Truman vereinbar war. (25 BE)

3 Diskutieren Sie die These, Wallace habe nach 1945 eine Appeasement-Politik gegenüber der Sowjetunion befürwortet. (30 BE)

Material

Der amerikanische Handelsminister Henry A. Wallace an Präsident Truman (23. Juli 1946)

[Die amerikanische Rüstung] erweckt den Eindruck, dass wir (1.) entweder uns darauf vorbereiten, einen Krieg zu gewinnen, den wir für unvermeidbar halten, oder (2.) versuchen, eine solche militärische Überlegenheit aufzubauen, dass wir den Rest der Menschheit einschüchtern können. Wie würden wir reagieren, wenn Russland die Atombombe hätte und wir nicht, wenn Russland Bomber mit einem Aktionsradius von 10 000 Meilen und Luftwaffenstützpunkte innerhalb von 1 000 Meilen vor unserer Küste hätte und wir nicht? [...]

Meiner Meinung nach tragen folgende Faktoren zum Misstrauen der Russen gegenüber den USA und dem Westen bei:

Erstens die russische Geschichte, die wir vor Augen haben müssen, da sie in russischen Augen der Rahmen für alles politische Handeln der restlichen Welt ist. Die russische Geschichte ist seit über eintausend Jahren eine Folge von - häufig erfolglosen - Abwehrversuchen gegen fremde Eindringlinge und Eroberung - vonseiten der Mongolen, Türken, Schweden, Deutschen und Polen.

Die kurze Zeit des 30-jährigen Bestehens der Sowjetregierung ist für die Russen immer noch die Fortsetzung des historischen Kampfes um ihre Existenz als Nation. Während der ersten vier Jahre des neuen Regimes, von 1917 bis 1921, mussten japanische, englische und französische Versuche, mit einer gewissen amerikanischen Unterstützung die neue Staatsform zu zerstören, genauso abgewehrt werden wie die von verschiedenen weißrussischen Armeen, die von westlichen Mächten ermuntert und finanziert wurden.

1941 wurde dann der sowjetische Staat beinahe von den Deutschen erobert, und das nach einem Zeitraum, in dem die westeuropäischen Mächte eine Wiederbewaffnung Deutschlands offensichtlich in dem Glauben hingenommen hatten, dass die Nazis versuchen würden, sich eher nach Osten als nach Westen auszudehnen. Die Russen empfinden ihre Situation daher verständlicherweise als Überlebenskampf in einer feindlichen Welt.

Daraus folgt, zum Zweiten, dass alle sicherheits- und verteidigungspolitischen Maßnahmen westlicher Mächte für die Russen nur aggressiven Charakter haben können [...]. Es könnte sein, dass wir gleichermaßen dächten, wenn die USA das einzige kapitalistische Land der Erde wären und die führenden sozialistischen Länder in einem Maße aufrüsten würden wie nie zuvor in ihrer Geschichte. [...]

Unser Interesse, in Osteuropa, wo es im Großen und Ganzen nie Demokratien gegeben hat, demokratische Systeme zu errichten, erscheint Russland als ein Versuch, die Einkreisung [der Sowjetunion] durch unfreundliche Nachbarn wiederherzustellen, die nach dem [Ersten Weltkrieg] bestanden hat und die als Ausgangspunkt für einen neuerlichen Versuch dienen könnte, die Sowjetunion zu zerstören.

Wenn diese Analyse richtig ist - und es gibt eine Menge Beweismaterial dafür -, dann ist klar angezeigt, welche Schritte zu unternehmen sind, um die Lage zu verbessern. Grundlegendes Ziel müsste es sein, jegliche vernünftigen Anhaltspunkte für Furcht, Verdacht und Misstrauen auf russischer Seite zu vermindern. Wir müssen erkennen, dass sich die Welt verändert hat und dass es heute keine „Eine Welt“[1] geben kann, wenn nicht die USA und Russland irgendeine Form des Zusammenlebens finden. [...]

Wir sollten uns anstrengen, der irrationalen Furcht vor Russland entgegenzuwirken, die systematisch unter den Amerikanern durch gewisse Individuen und Veröffentlichungen verbreitet wird. Das Schlagwort, dass Kommunismus und Kapitalismus, politische Gängelung und Demokratie nicht in ein und derselben Welt fortbestehen können, ist aus historischer Sicht reine Propaganda. [...]

Es ist von allergrößter Wichtigkeit, dass wir mit den Russen in freundschaftlicher Weise ihre langfristigen ökonomischen Probleme und die Zukunft unserer kommerziellen Zusammenarbeit [mit der Sowjetunion] diskutieren. Das Wiederaufbauprogramm der UdSSR und die Pläne für die weitere Entwicklung des Landes bieten dem amerikanischen Export und amerikanischen Technikern gewaltige Perspektiven.

Ich denke, eine progressive Führung, die eine Politik nach Maßgabe der hier gemachten Vorschläge verfolgt, würde die Interessen der großen Mehrheit unserer Bevölkerung zum Ausdruck bringen, diese fördern [...] und schließlich [...] die neue Entwicklung hin [...] zu einem vernichtenden Atomkrieg aufhalten.

Barton J. Bernstein/Allen J. Matusow (Hg.): The Truman Administration. A Documentary History, New York 1968, S. 238 - 243. Übersetzung von Michael Wagner

Hinweis:
Henry A. Wallace war von 1940 bis 1944 Vizepräsident der USA und danach Handelsminister. Er wurde im September 1946 von Truman entlassen.

Anmerkungen:
1 Das *One-World*-Konzept bezeichnet das Kriegsziel der USA seit 1941, die ganze Welt im Zeichen von Demokratie und wirtschaftlicher Freiheit neu zu ordnen.

LÖSUNGSVORSCHLAG 2010 LK

Lösungsvorschlag Vorschlag B

B.1 Fassen Sie zusammen, wie Rosenberg [...] sieht. (Material)

HINWEIS Formulieren Sie eine Einleitung, charakterisieren Sie kurz die Quelle (Quellenkritik) und geben Sie die Grundaussagen Rosenbergs mit eigenen Worten kurz und unkommentiert wieder. Beachten Sie bei der Textwiedergabe, dass der Autor ein ideologischer Vordenker des Nationalsozialismus gewesen ist und seine Sicht von der NS-Ideologie geprägt ist.

Lösungsschritte zu Aufgabe B.1

1	Zuerst den Hinweis zum Text beachten, danach den Text sehr aufmerksam lesen
2	Beim zweiten Durchlesen Schlüsselbegriffe (z. B. „Parasiten") und gedankliche Absätze markieren
3	Zu Beginn der eigenen Textwiedergabe einen einleitenden Satz formulieren, der über Textsorte, Autor, Erscheinungsjahr, Thema und Inhalt informiert
4	Den Text in einigen Sätzen charakterisieren (Quellenart, Bewertung ihrer Aussagekraft, Zeitumstände, Zielsetzung, evtl. Wirkung, evtl. Sprache)
5	Die wesentlichen Aussagen strukturiert zusammenfassen
6	Die Einleitung (3 + 4) überprüfen, ob sie die Punkte Ihrer Ausführungen wiedergibt
7	Die eigenen Ausführungen auf sprachliche Richtigkeit und Verständlichkeit prüfen; Rechtschreibung, Zeichensetzung und Grammatik beachten

Stichpunktlösung zu Aufgabe B.1

Einleitung und Charakterisierung des Textes

In seinem Artikel zum 150. Jahrestag der Französischen Revolution nimmt der nationalsozialistische Autor Alfred Rosenberg zu der Revolution Stellung und beurteilt die Entwicklung des demokratischen Gedankens. Bei dem Text, der 1939 erschienen ist, handelt es sich um eine Quelle, in der historische Ereignisse aus nationalsozialistischer Sicht beurteilt werden. Ziel des Autors ist es, die Französische Revolution als Beginn des Niedergangs der abendländischen Kultur darzustellen. Rosenberg verwendet dabei zentrale Begriffe der NS-Ideologie.

Zusammenfassung

- Laut Rosenberg habe die Französische Revolution die alte Feudalordnung durch eine „wurzellose Demokratie" ersetzt (Z. 5–6) und damit den „Untergang einer ganzen großen Kultur" eingeleitet (Z. 17 f.)
- Der Niedergang resultiere aus dem Verstoß der Französischen Revolution gegen die angeblichen „aristokratischen Gesetze der Natur". Der Gedanke der Gleichheit widerspreche der „natürlichen" Hierarchie der menschlichen Rassen (Z. 6 f., 20)
- Die anstehenden Feierlichkeiten markierten seiner Auffassung nach den Untergang des demokratischen Zeitalters („Grabesläuten", Z. 11 f.)
- Die Emanzipation der Juden („Parasiten") und „Neger" durch die „Gleichmachung" der Demokratie habe die Zerstörung der europäischen Kultur verursacht (Z. 15 ff.)
- Die mit der Industrialisierung im 19. Jahrhundert verbundene Massenverelendung sei durch das rücksichtslose Wirtschaften der Juden verschärft worden (Z. 19–30)
- Der Marxismus sei die nachvollziehbare Verbindung der „uferlosen demokratischen Idee" mit der sozialen Krise des 19. Jahrhunderts. Letztlich habe die Französische Revolution alte, morsche Strukturen zerstört, jedoch nicht die Kraft gehabt, Europa nachhaltig und kulturbildend zu ordnen (Z. 31–36)

TIPP Versuchen Sie, Ihre Ausführungen sinnvoll zu gliedern und sich sprachlich nicht zu sehr an den Autorentext anzulehnen. Dabei können Sie Gedanken zusammenfassen, die der Autor an verschiedenen Stellen im Text beschreibt. Machen Sie dabei stets deutlich, dass es sich hier um eine ideologisch belastete Sichtweise der Französischen Revolution handelt. Verwenden Sie bei der Wiedergabe der Argumentation die indirekte Rede (Konjunktiv!) und setzen Sie zitierte Begriffe und Ausdrücke in Anführungszeichen.

B.2 Rosenberg spricht vom Sturm [...] Erläutern Sie [...]

HINWEIS Hier müssen Sie die strukturell wirkenden Ereignisse, die zum Sturm auf die Bastille führten, chronologisch auflisten und die historische Bedeutung herausarbeiten; nehmen Sie auf diesem Hintergrund zur Sicht Rosenbergs Stellung. Die Aufgabenstellung legt nahe, dass Rosenbergs Auslegung die Bedeutung dieses Ereignisses stark verkürzt.

Lösungsschritte zu Aufgabe B.2

1	Die Aufgabenstellung sorgfältig lesen und sich verdeutlichen, was genau verlangt wird: Ursache und tatsächliche Bedeutung im Vergleich mit der Sicht Rosenbergs

2	Notizen/kurzes Brainstorming (Stichworte): Welche Hauptprobleme gab es kurz vor der Französischen Revolution im Staat? Welche Gedanken, Sorgen und Nöte bewegten den dritten Stand?
3	Welche Symbolkraft hatte der Sturm auf die Bastille a) für den Zustand der Monarchie? b) für die Revolutionäre des dritten Standes?
4	Die in Schritt 2 und 3 gemachten Notizen zu einem strukturierten Text ausformulieren
5	Danach kurze Darstellung von Rosenbergs Sichtweise und Kritik an ihr
6	Die eigenen Ausführungen auf sprachliche Richtigkeit und Verständlichkeit prüfen; Rechtschreibung, Zeichensetzung und Grammatik beachten

Stichpunktlösung zu Aufgabe B.2

Ursachen des Sturms auf die Bastille

- Die Krise des Ancien Régime (= alte Ordnung/die absolutistische Herrschaftsweise) prägte die Phase vor Beginn der Französischen Revolution
- Die ungleiche steuerliche Belastung der drei Stände (Privilegien für Klerus und Adel), die finanzielle Unterstützung des amerikanischen Bürgerkrieges und die teure Hofhaltung in Versailles hatten eine Finanzkrise heraufbeschworen
- Der adelige Geistliche Abbé Sieyès hatte bereits im Frühjahr 1789 in seiner Programmschrift „Was ist der dritte Stand?" dessen Forderungen (v. a. der Besitz- und Bildungsbürger) nach politischer Mitsprache und Gleichberechtigung formuliert
- Den Reformstau konnte der König nur durch Verfassungsänderung mithilfe der Generalstände beenden (Notabelnversammlung hatte Steuerreform verhindert)
- Auflösung der Generalstände durch den König wegen Streit um Abstimmungsmodus
- Die Abgeordneten des dritten Standes und Sympathisanten versammelten sich im Ballhaus: Erklärung zur Nationalversammlung; Ballhausschwur (Verfassung)
- Kurzfristige Verschlechterung der wirtschaftlichen Lage; Gerücht, der König würde Truppen gegen die Revolution zusammenziehen, führte zur Erstürmung der Bastille

Bedeutung des Sturms auf die Bastille

- Bastille war Symbol der Unterdrückung durch den absoluten Monarchen
- Ludwig XVI. gab nun vorerst seine gegenrevolutionären Pläne auf
- Revolutionäre Massen brachten ihren Protest zum Ausdruck; Erstürmung der Bastille war somit der Startschuss für die Neuordnung von Gesellschaft und Staat

Auseinandersetzung mit der Sicht Rosenbergs

- Rosenberg verkürzt dieses Ereignis auf die Befreiung der (wenigen) Gefangenen der alten Monarchie aus der Bastille und verschweigt dabei den Symbolcharakter für die revolutionären Massen

B.3 Charakterisieren Sie […] die zentralen Elemente […]

> HINWEIS Die Quelle bietet zahlreiche Ansatzpunkte, um aus ihr heraus die nationalsozialistische Ideologie zu charakterisieren. Sie dürfen diese jedoch durchaus ergänzen und sind nicht zwangsläufig an den Text gebunden.

Lösungsschritte zu Aufgabe B.3

1	Die eigenen Markierungen im Text (Aufgabenstellung 1, Lösungsschritt 2) prüfen; welches NS-Gedankengut kommt in der Quelle explizit vor?
2	Eine Mindmap anfertigen (Bleistift), Oberbegriffe suchen und Gedanken der NS-Ideologie aus dem Text zuordnen
3	Aspekte und Zusammenhänge ergänzen, die aus dem Unterricht vertraut sind
4	Die in Schritt 2 und 3 gemachten Notizen zu einem strukturierten Text ausformulieren
5	Die eigenen Ausführungen auf sprachliche Richtigkeit und Verständlichkeit prüfen. Rechtschreibung, Zeichensetzung und Grammatik beachten

Stichpunktlösung zu Aufgabe B.3

- Ablehnung demokratischer Prinzipien (Z. 5 f.), stattdessen Ausschaltung der Opposition, Gleichschaltung, Etablierung des Führerprinzips (Ausübung der Gewalt von oben nach unten) und Beschwörung der sogenannten „Volksgemeinschaft“
- Antibürgerliche Haltung: „entartetes sozial-politisches Leben“ (Z. 14 f.) nach der Französischen Revolution: Ablehnung der demokratischen Bürgergesellschaft
- Antisemitismus: Rosenberg beschuldigt die Demokratie, den Juden und ihrem „skrupellosen Geschäftsgebaren“ den Weg geebnet zu haben (Z. 20 f.)
- Rassenlehre: „die aristokratischen Gesetze der Natur“ (Z. 6 f.): Die NS-Ideologie geht von einer Hierarchie der menschlichen „Rassen“ aus, die ihrer Meinung nach auch erb-biologisch begründet ist. Einteilung der Menschen in höhere und niedere „Rassen“, Unterwerfung und physische Vernichtung minderwertiger „Rassen“ („Parasiten“, „Kuli- und Fellachenrassen“); Aufgabe des Staates sollte die Reinhaltung der Rasse („Rassenhygiene“) sein. Ausmerzung „lebensunwerten Lebens“ („Euthanasie“), Zwangssterilisation bei Erbkranken
- Antimarxismus (Z. 32): Die von Hitler in „Mein Kampf“ formulierte Lebensraumpolitik sah vor, Lebensraum für die arische Rasse („Volk ohne Raum“) im Osten (Russland) zu gewinnen; dabei Zerschlagung des Bolschewismus (Antimarxismus), rücksichtslose Germanisierung der eroberten Gebiete

B.4 Diskutieren Sie, ob es angemessen ist [...]

HINWEIS Hier müssen Sie untersuchen, ob die „Machtergreifung" mit einer Revolution im klassischen Sinn zu vergleichen ist. Dazu müssen Sie zunächst klären, welchen Revolutionsbegriff Sie Ihrer Argumentation zugrunde legen. Mehrere Lösungen sind möglich.

Lösungsschritte zu Aufgabe B.4

1	Ein Schmierblatt mit einer vertikalen Linie teilen
2	Auf der linke Seite notieren, was zum Begriff der Revolution gehört (Vorbedingungen und Ursachen, Verlauf etc.)
3	Auf der rechten Seite in Stichworten die Gründe aufschreiben, die der NSDAP ihren kometenhaften Aufstieg am Ende der Weimarer Republik ermöglichten
4	Parallelen und Unterschiede farbig in der Tabelle markieren
5	Auf diese Art vorstrukturiert nun einen Text formulieren; am Ende (!) die Frage nach der Angemessenheit beantworten
6	Die eigenen Ausführungen auf sprachliche Richtigkeit und Verständlichkeit prüfen; Rechtschreibung, Zeichensetzung und Grammatik beachten

Stichpunktlösung zu Aufgabe B.4

Definition(en) des Begriffs Revolution

- Formal: tiefgreifende plötzliche Veränderung eines politischen Systems, häufig gewaltsam; Unterschied zum Putsch: Beteiligung großer Teile der Bevölkerung
- Weitere Aspekte: Vorhandensein einer politischen Idee, wirtschaftliche Krisen im Vorfeld, Unzufriedenheit in weiten Teilen der Bevölkerung (durchaus aus verschiedenen Gründen), Wegfallen von Stützen der bisherigen Ordnung (z. B. Kirche, Adel)
- Oft positive Besetzung des Revolutionsbegriffs: Schaffung einer besseren Ordnung mit Gleichberechtigung, Selbstbestimmung, Menschenrechten und Demokratie

Argumente für Einstufung der NS-Machtübernahme als Revolution

- Der NSDAP gelang es, weite Teile der Bevölkerung auf ihre Seite zu ziehen
- Unmittelbar nach der Machtübernahme: Ausschaltung jeder politischen Opposition
- Errichtung eines totalitären Systems (Gleichschaltung, Führerprinzip, Pressezensur)

Argumente gegen Einstufung der NS-Machtübernahme als Revolution

- Instrumentalisierung von Sehnsüchten, Heilserwartungen; Verführung der Massen
- Aufstieg der NSDAP durch Bündnis mit deutschnational-konservativen Gruppen

- Änderung des politischen Systems aus der Regierung heraus, nicht von unten
- Im Gegensatz zum positiven Revolutionsbegriff der Aufklärung: Abschaffung von Grundrechten, Aufhebung der Gewaltenteilung, Abschaffung der Demokratie

Fazit

(1) Vor dem Hintergrund der fehlenden aufklärerischen Werte und Ziele ist die „Machtübernahme“ der Nationalsozialisten kaum als Revolution zu bezeichnen.

(2) Nur wenn man diese Werte unbeachtet lässt, kann man nach formalen Kriterien von einer Revolution im Sinne einer tiefgreifenden plötzlichen Veränderung eines politischen Systems sprechen, wobei hier die Nähe zum Putsch groß ist.

> TIPP Das Fazit richtet sich danach, welchen Revolutionsbegriff Sie Ihrer Bewertung zugrunde legen. Sie müssen Ihr Fazit aber anhand der aufgestellten Kriterien begründen.

Schnell-Check Vorschlag B

Aufgabe	Thema/Aufgabentyp			Trainingstipps
B.1	Sachtext in eigenen Worten formulieren			Lesestrategien üben: ■ Schlüsselwörter, Überschriften, Sinnabschnitte erkennen und markieren ■ Den Argumentationsgang (These, Beispiele) erkennen ■ Thesen des Autors strukturiert zusammenfassen
B.2	Die Beurteilung eines historischen Ereignisses an den historischen Fakten überprüfen			■ Thesen und Ereignisse gegenüberstellen ■ Richtigkeit der Darstellung prüfen ■ Begründung formulieren
B.3	Zentrale Elemente einer Ideologie ausgehend von einem Text erläutern können			■ Gedanken im Text markieren ■ Mindmap erstellen, Oberbegriffe finden, Textstellen und eigenes Wissen eintragen ■ Als Text ausformulieren
B.4	Ein historisches Ereignis bewerten			■ Bewertungskriterien festlegen ■ Pro- und Kontra-Argumente zu den Kriterien sammeln ■ Argumente abwägen ■ Begründetes Fazit formulieren

Lösungsvorschlag Vorschlag C

C.1 Fassen Sie die wesentlichen Aussagen [...] zusammen [...]

HINWEIS Formulieren Sie eine Einleitung, charakterisieren Sie kurz die Quelle (Quellenkritik) und geben Sie die Grundaussagen von Wallace mit eigenen Worten kurz und unkommentiert wieder.

Lösungsschritte zu Aufgabe C.1

1	Den Text sehr aufmerksam durchlesen, Hinweise beachten
2	Beim zweiten Durchlesen Schlüsselbegriffe (z. B. „Abwehrversuche" oder „grundlegendes Ziel") und gedankliche Absätze markieren
3	Zu Beginn der eigenen Textwiedergabe einen einleitenden Satz formulieren, der über Textsorte, Autor, Erscheinungsjahr, Thema und Inhalt informiert
4	Den Text in einigen Sätzen charakterisieren (Quellenart, Bewertung ihrer Aussagekraft, Zeitumstände, Zielsetzung, evtl. Wirkung, evtl. Sprache)
5	Die wesentlichen Aussagen strukturiert zusammenfassen
6	Die Einleitung (3 + 4) überprüfen, ob sie die Punkte Ihrer Ausführungen wiedergibt
7	Die eigenen Ausführungen auf sprachliche Richtigkeit und Verständlichkeit prüfen; Rechtschreibung, Zeichensetzung und Grammatik beachten

Stichpunktlösung zu Aufgabe C.1

Einleitung und Charakterisierung des Textes

Der US-Handelsminister Henry Wallace analysiert in einem Schreiben an Präsident Truman 1946 die Auswirkungen der Sicherheitspolitik der USA auf das Verhältnis zur Sowjetunion. Bei dem Text handelt es sich um eine historische Quelle, in der der amerikanische Handelsminister dem Präsidenten in sachlichem Stil mit offenen Worten die Konsequenzen der amerikanischen Politik erläutert. Sein Ziel ist es, einen politischen Kurswechsel zu erreichen, um einen Atomkrieg zwischen den Supermächten (Z. 47–50) zu vermeiden.

Zusammenfassung

Wallace versetzt sich in die Rolle der noch mit den USA verbündeten Sowjetunion.

- Diese müsse angesichts der amerikanischen Rüstung den Eindruck gewinnen, dass die USA entweder Krieg führen oder mit ihrer militärischen Überlegenheit einschüchtern oder drohen wolle (Z. 1–6)

- Wallace nennt Gründe für dieses Misstrauen der SU: den Jahrhunderte langen Kampf Russlands gegen zahlreiche Eindringlinge; seine Zuspitzung als „Überlebenskampf" der noch jungen Sowjetunion (Z. 7–24)
- Die sicherheitspolitischen Maßnahmen der USA und deren Versuch, Demokratien in den osteuropäischen Staaten zu etablieren, könnten von der SU nur als erneute Einkreisung durch feindliche Länder interpretiert werden (Z. 25–34)
- Um das Gelingen der „One-World-Politik" zu gewährleisten, müsse es ein Bestreben der USA sein, diese Ängste auf russischer Seite zu reduzieren; Appell an die amerikanische Führung, sowohl dem Misstrauen auf sowjetischer Seite als auch der „irrationalen Furcht vor Russland" unter den Amerikanern entgegenzuwirken (Z. 35–45)
- Die Sowjetunion sei als wichtiger potenzieller Handelspartner der USA zu sehen; damit sei den Interessen der Bevölkerung gedient und ein Atomschlag zu vermeiden (Z. 46–54)

TIPP Versuchen Sie, Ihre Ausführungen sinnvoll zu gliedern und sich sprachlich nicht zu sehr an den Autorentext anzulehnen. Dabei können Sie Gedanken zusammenfassen, die der Autor an verschiedenen Stellen im Text beschreibt. Verwenden Sie bei der Wiedergabe der Argumentation die indirekte Rede (Konjunktiv!) und setzten Sie zitierte Begriffe und Ausdrücke in Anführungszeichen.

C.2.1 Ordnen Sie das Schreiben [...] in die Geschichte [...] ein.

HINWEIS Beachten Sie, dass bei dieser Aufgabenstellung keine Vollständigkeit erwartet werden kann. Wählen Sie die wichtigsten Ereignisse aus und stellen Sie sie im Zusammenhang dar.

Lösungsschritte zu Aufgabe C.2.1

1	Die Aufgabenstellung sorgfältig lesen und sich verdeutlichen, was verlangt wird: Darstellung der US-Außenpolitik gegenüber der SU 1941–1946; Einordnung der Quelle
2	Die wichtigsten Ereignisse und Entscheidungen von der Atlantik-Charta 1941 bis zur Rede von Byrnes 1946 in Stichpunkten notieren
3	Die in Schritt 2 gemachten Notizen zu einem strukturierten Text ausformulieren
4	Die eigenen Ausführungen auf sprachliche Richtigkeit und Verständlichkeit prüfen; Rechtschreibung, Zeichensetzung und Grammatik beachten

Stichpunktlösung zu Aufgabe C.2.1

- Die Basis der alliierten Zusammenarbeit bildete die „Atlantik-Charta“ von 1941, in der Churchill und Roosevelt die Vernichtung der „Nazityrannei“ als gemeinsames Kriegsziel vereinbart hatten. Dieses Ziel verfolgte auch die Sowjetunion gezwungenermaßen nach dem Überfall durch Hitler
- Konferenzen von Casablanca, Teheran und Jalta: bedingungslose Kapitulation als gemeinsames Kriegsziel der Alliierten (GB, USA, SU); One-World-Politik (gemeinsame Friedenssicherung) als Grundgedanke für eine Nachkriegsordnung
- Konferenz von Potsdam 1945: nach der bedingungslosen Kapitulation Deutschlands Einigung der Alliierten auf die 5 Ds als gemeinsame Vorgehensweise
- Gemeinsamer „Kontrollrat“ der Alliierten, der über die weiteren Maßnahmen im besetzten Deutschland beschließen sollte, war bald nicht mehr handlungsfähig
- Spannungen zwischen den ehemaligen Alliierten aufgrund der von der Sowjetunion in den osteuropäischen Ländern betriebenen Einflussnahme
- „Containment-Politik“ der USA, um die Einflussnahme des ideologischen Gegners einzudämmen (Rede des US-Außenministers Byrnes in Stuttgart 1946)

Fazit

Das Schreiben von Wallace ist noch stark von der Hoffnung auf eine gelingende One-World-Politik geprägt und versucht, für eine Verständigung mit der SU zu werben, während sich die offizielle Außenpolitik unter Truman bereits auf eine Konfrontation mit ihr vorbereitet.

C.2.2 Prüfen Sie, inwieweit die Konzeption […] vereinbar war.

> HINWEIS Hier geht es nicht darum, die chronologische Darstellung in Aufgabe 2.1 zu ergänzen, sondern zwei außen- und sicherheitspolitische Konzepte zu vergleichen.

Lösungsschritte zu Aufgabe C.2.2

1	Eigene Lösung der Aufgabe 1 sowie markierte Stellen in der Quelle erneut lesen
2	Tabelle anlegen (Containment/Wallace) und Stichpunkte notieren: Welche Schwerpunkte werden im Containment-Konzept gesetzt (links)? Welche Schwerpunkte setzt demgegenüber Wallace in seinem Schreiben (rechts)?
3	Die in Schritt 2 gemachten Notizen zu einem strukturierten Text ausformulieren
4	Eine Stellungnahme zur Frage formulieren und die Stellungnahme begründen
5	Die eigenen Ausführungen auf sprachliche Richtigkeit und Verständlichkeit prüfen; Rechtschreibung, Zeichensetzung und Grammatik beachten

Stichpunktlösung zu Aufgabe C.2.2

- Um die Einflussnahme des Kommunismus einzudämmen, betrieb die Regierung der USA eine „Containment-Politik“; mit ihr begann auch der „Kalte Krieg“. Der Kommunismus sollte nach der Truman-Doktrin durch eine wirtschaftliche Stabilisierung Europas eingedämmt werden (Marschall-Plan, ERP)

Die Containment-Politik ging von folgenden Annahmen aus (vgl. Truman-Doktrin):

- Die SU wird als ideologischer Gegner betrachtet, der darauf gesinnt ist, seinen Einfluss besonders in den osteuropäischen Ländern durch eine systematisch betriebene Sowjetisierungspolitik auszuweiten (schließlich Bedrohung ganz Europas)
- Die Politik der SU ist von Unfreiheit, Pressezensur, autoritären Entscheidungen einer Kaderpartei und Unterdrückung von individuellen Grundrechten geprägt
- Den USA hingegen kommt eine Vorreiterrolle in der Erhaltung der Freiheit gegen diese Tyrannei zu. Sie treten ein für freie Wahlen, Mehrheitsentscheidungen, garantierte Grund- und Freiheitsrechte, freie und unabhängige Institutionen
- Der Kommunismus und allgemein totalitäre Regime gedeihen nur im wirtschaftlichen Mangel. Deswegen kann eine wirksame Eindämmung nur mit wirtschaftlicher Stabilisierung Europas gelingen
- Weil eine Einigung mit dem ideologischen Gegner SU nicht mehr möglich ist, arbeiten die westlichen Verbündeten an einer wirtschaftlichen Vereinigung ihrer eigenen besetzten Zonen des unterworfenen Deutschlands

Wallace hingegen vertritt die folgende Ansicht:

- USA und SU seien weiterhin Verbündete, jedoch störten sicherheitspolitische Maßnahmen der USA - der militärisch stärkeren Macht (Atombombe) - das Verhältnis
- Aus Sicht der SU stellten die USA eine militärische Bedrohung dar; diese Ängste auf sowjetischer Seite sollten abgebaut werden
- Die Ängste vor der Sowjetunion auf amerikanischer Seite seien irrational
- Die USA solle eine Vorreiterrolle in der Prävention eines Atomkrieges einnehmen und sich um einen Ausgleich mit der SU bemühen
- Trotz ideologischer Differenzen könnten zwei verschiedene politische Systeme in einer Welt nebeneinander existieren
- Die SU solle als potenzieller Handelspartner der USA angesehen werden

Fazit

Die Sicht von Wallace ist überhaupt nicht mit der neuen Containment-Politik vereinbar. Denn die Containment-Politik geht von einer aggressiven Grundhaltung der Sowjetunion aus, gegen die die USA sich und ihre Werte verteidigen muss. Wallace hingegen hält Ängste auf westlicher Seite für irrational und hält am Gedanken der Kooperation zwischen USA und SU fest.

C.3 Diskutieren Sie die These, Wallace habe [...] befürwortet.

> HINWEIS Hier sollen Sie diskutieren, ob Wallace eine neue Appeasement-Politik betreiben wollte. Dazu müssen Sie die in der Lösung 2.2 angeführten Punkte einer kritischen Prüfung unterziehen und zum Schluss ein eigenes Fazit formulieren und begründen.

Lösungsschritte zu Aufgabe C.3

1	Stichpunkte in einer Tabelle notieren: Was bedeutet allgemein „Appeasement-Politik"? Wo finden sich Gemeinsamkeiten zu der Politik, die Wallace vorschlägt?
2	Die in Schritt 1 gemachten Notizen zu einem strukturierten Text ausformulieren
3	Ein persönliches Fazit formulieren und der These eher zustimmen oder sie ablehnen; das Fazit begründen
4	Die eigenen Ausführungen auf sprachliche Richtigkeit und Verständlichkeit prüfen; Rechtschreibung, Zeichensetzung und Grammatik beachten

Stichpunktlösung zu Aufgabe C.3

Charakteristik der „Appeasement-Politik" der 1930er-Jahre

- Definition: „Appeasement-Politik" ist die Kennzeichnung einer Politik, die vor allem mit den Bemühungen des britischen Premierministers Neville Chamberlain verknüpft ist, durch Beschwichtigung (to appease) eine Verständigung mit dem aggressiv und expansiv agierenden Diktator Adolf Hitler zu erreichen
- Gründe: u. a. Kriegsmüdigkeit, Skrupel über Versailler Vertrag
- Maßnahmen der „Appeasement-Politik": Verstöße Hitlers gegen Versailler Vertrag werden hingenommen (Remilitarisierung des Rheinlands 1936, Anschluss Österreichs 1938); Höhepunkt: Münchner Abkommen 1938, deutsche Besetzung Prags
- Die „Appeasement-Politik" war bereit, zentrale Punkte der totalitären NS-Ideologie auszublenden, um Nazi-Deutschland in die Völkergemeinschaft zu integrieren

Beurteilung des Vorschlages von Wallace

- Ähnlichkeit der beiden Konzepte in grundsätzlichen Punkten: z. B. Vernachlässigung der Unberechenbarkeit und Aggressionsbereitschaft totalitärer Systeme; Annahme, totalitäre und demokratische Systeme könnten friedlich nebeneinander bestehen
- Gedanken von Wallace, die über „Appeasement" hinausgehen: übernimmt z. B. Perspektive der Sowjetunion und äußert Verständnis dafür, bewertet die sowjetische Außenpolitik als defensiv, sieht die USA als Verursacher der Spannungen, nicht die Sowjetunion; sieht die Sowjetunion als potenziellen Handelspartner der USA

Fazit

(1) Der von Wallace vorgeschlagene politische Kurs lässt sich als „Appeasement" bewerten, da Wallace bereit ist, ungeachtet der aggressiven Politik der Sowjetunion und ihres totalitären Systems, auf eine Verständigung und Zusammenarbeit mit ihr zu setzen, um einen Atomkrieg zu verhindern.

(2) Der von Wallace vorgeschlagene politische Kurs hat nichts mit „Appeasement" zu tun, da für ihn nicht die Sowjetunion der aggressive Gegner ist, der besänftigt werden müsste, sondern er im Gegenteil das friedensbedrohende Potenzial in der amerikanischen Rüstung sieht. 1946 lag eine völlig andere Situation vor als 1938.

> TIPP Das Fazit fällt verschieden aus, je nachdem ob man der Sichtweise von Truman oder Wallace folgt. In jedem Fall müssen Sie Ihr Fazit gut mit Fakten begründen.

Schnell-Check Vorschlag C

Aufgabe	Thema/Aufgabentyp	😊	☹	Trainingstipps
C.1	Sachtext in eigenen Worten zusammenfassen			Lesestrategien üben: ■ Schlüsselwörter, Überschriften, Sinnabschnitte erkennen und markieren ■ Den Argumentationsgang (These, Beispiele) erkennen ■ Thesen des Autors strukturiert zusammenfassen
C.2.1	Eine Quelle in die historischen Zusammenhänge einordnen			■ Historische Sachverhalte zunächst notieren ■ Relevante Fakten (Daten, Ereignisse) finden und zuordnen ■ Notizen zum Text ausformulieren
C.2.2	Zwei politische Konzepte einander gegenüberstellen und vergleichen			■ Zwei Konzepte strukturell vergleichen ■ Relevante Beispiele finden und gegenüberstellen ■ Ein Urteil fällen und begründen
C.3	Ein begründetes Urteil über eine historische Fragestellung abgeben			■ Pro- und Kontra-Argumente sammeln und mit Fakten belegen ■ Ein persönliches Fazit formulieren, in dem eine Seite bekräftigt wird

PRÜFUNGSAUFGABEN 2011 LK

Aufgabentyp	Problemerörterung auf der Grundlage von historischen Quellen
Thematischer Schwerpunkt	Gesellschaftliche Veränderungsprozesse am Beginn der Moderne: Die Industrielle Revolution und ihre Folgen Der Imperialismus und seine Folgen
Themenübergreifende Bezüge	Die Weimarer Republik
Thema	Industrialisierung und die Rolle der Arbeiterbewegung
Material	M 1 Franz Mehring über die Arbeiterbewegung im Kaiserreich (1910) M 2 Tabelle 1: Die industrielle Produktion 1780–1888 Tabelle 2: Beschäftigte nach Wirtschaftssektoren (Deutschland) Tabelle 3: Stimmen für die SPD bei den Reichstagswahlen 1871–1912

Vorschlag A

Aufgaben

1 Geben Sie Mehrings Sicht zur Lage der Gewerkschaften und der Sozialdemokratie nach 1871 wieder. (Material 1) (25 BE)

2 Erläutern Sie unter Verwendung der Tabellen 1–3 die wirtschaftlichen und gesellschaftlichen Entwicklungen im Deutschen Kaiserreich nach 1871. (Material 2) (40 BE)

3 Zur Rolle der Arbeiterbewegung im Kaiserreich schreibt Mehring am Ende seiner historischen Abhandlung:
„Die deutsche Arbeiterklasse war in den Schwerpunkt der historischen Entwicklung gerückt, aus dem sie keine Macht der Welt mehr verdrängen konnte.“[1]

Diskutieren Sie, ob diese These Mehrings über die Rolle der Arbeiterklasse und ihrer politischen Vertreter im Kaiserreich auch für die Gründung und die Anfänge der Weimarer Republik (1918/19) gelten kann. (35 BE)

1 Franz Mehring: Deutsche Geschichte, Berlin 1923, S. 238

Material 1

Franz Mehring über die Arbeiterbewegung im Kaiserreich (1910)

Das neudeutsche Reich[1] erwies sich dem Proletariat von vornherein als hartherzige Stiefmutter. Seine offiziellen Gewalten besaßen nicht einmal soviel politischen Anstand und Takt, die elenden Verfolgungen einzustellen, die sie während des Krieges gegen die Eisenacher Fraktion[2] eingeleitet hatten. [...]
Selbst der Milliardensegen[3] wurde dem Proletariat zum Unsegen. Er machte das Geld billiger und den notwendigen Lebensbedarf der Arbeiterklasse teurer; wollte sie ihren Reallohn auf derselben Höhe erhalten, so mußte sie ihren Geldlohn[4] steigern. So entstand eine lebhafte Streikbewegung. [...]
Mit gleicher Gehässigkeit suchten die bürgerlichen Parteien die Keime der gewerkschaftlichen Bewegung auszurotten, die sich aus den Streiks entwickelten. [...] Jeder Streik und jede Gewerkschaft wurden von der bürgerlichen Presse als „sozialdemokratische Machenschaft“ denunziert, als eine künstliche Aufhetzung der Arbeiter durch gewissenlose Demagogen. Dabei dachten die sozialdemokratischen Fraktionen nicht im Traume daran, Streiks zu provozieren; sie wurden vielmehr nicht müde, den Arbeitern einzuschärfen, daß sie sich erst eine tüchtige Organisation schaffen müßten, ehe sie zu der zweischneidigen Waffe der Arbeitseinstellung griffen. Freilich schlug auch in diesem Falle wie gewöhnlich die bürgerliche Untreue ihren eigenen Herrn; sie drängte den Arbeitermassen die Erkenntnis auf, daß sie unter allen politischen Parteien nur in der Sozialdemokratie eine allezeit zuverlässige Freundin besäßen.
Auf politischem Gebiete empfing die Arbeiterbewegung einen nicht minder kräftigen Anstoß. Das altpreußische Regierungssystem, das unverändert im neudeutschen Gemeinwesen fortbestand, machte, aller schwärmerischen Begeisterung für Kaiser und Reich ein sehr schnelles Ende. Die Militär- und Steuerlasten nahmen nicht ab [...]. Neben dem Soldatwerden und Steuerzahlen blieb auch das Mundhalten in altpreußischen Ehren[5]. Bismarck verlangte vom Reichstage einen neuen Kautschukparagraphen[6] des Preßgesetzes[7], durch den Angriffe auf die Familie, das Eigentum, die allgemeine Wehrpflicht mit schweren Strafen geahndet werden sollten. Wie das Kontraktbruchgesetz[8] auf ökonomischem, so war dieser Paragraph auf politischem Gebiete das erste Ausnahmegesetz Bismarcks gegen die Sozialdemokratie, doch ging auch er der bürgerlichen Reichstagsmehrheit einstweilen noch über den Spaß.
Bei den Wahlen von 1874 erreichten die beiden sozialdemokratischen Fraktionen[9] die Gesamtziffer von 351 670 Stimmen, die sich ziemlich gleichmäßig auf sie verteilten. [...] Die fast gleiche Zahl der Stimmen, die jede der Fraktionen aufgebracht hatte, wirkte abkühlend auf die gegenseitige Ueberreizung. [...] Die persönliche Berührung im Reichstage trug auch zur Milderung der noch vorhandenen Mißstimmungen bei, zumal da für beide Fraktionen ringsum nur Feinde waren, die bürgerlichen Parteien sie mit hochnasigem Hohne als „Gäste“ behandelten, die sich manierlich zu betragen hätten, wenn sie geduldet werden wollten, und Bismarck sofort wieder

mit den beiden Ausnahmegesetzen anrückte, mit denen er beim vorigen Reichstage abgeblitzt war und zunächst allerdings auch bei diesem Reichstage abblitzte.

Franz Mehring: Deutsche Geschichte, Berlin 1923, S. 212 f. (erstmals publiziert 1910)

Hinweise:
Franz Mehring (1846 - 1919), deutscher Journalist und Politiker, führender marxistischer Historiker

Die Rechtschreibung entspricht der Textvorlage.

Anmerkungen:
1 Gemeint ist das 1871 gegründete Deutsche Kaiserreich.
2 1869 in Eisenach von Bebel und Liebknecht gegründete SDAP als Vorläuferpartei der SPD
3 kurzfristiger Wirtschaftsaufschwung infolge der Kriegsentschädigungszahlungen Frankreichs nach dem Deutsch-Französischen Krieg 1870/71
4 Während Geldlohn den ausbezahlten Arbeitslohn bezeichnet, versteht man unter Reallohn den Lohn, der der tatsächlichen Kaufkaft entspricht.
5 „Steuern zahlen, Soldat sein, Maul halten" war eine Kritik der süddeutschen Staaten an Bismarcks politischer Praxis im Norddeutschen Bund, der beitretenden Staaten nur höhere Steuern, eine umfassende Wehrpflicht und eine strenge Zensur bescheren würde.
6 abwertende Bezeichnung für eine auslegbare, da unbestimmte Rechtsbegriffe beinhaltende Gesetzesbestimmung
7 Pressegesetz von 1874, das reichseinheitlich die Pressefreiheit festsetzte, jedoch weiterhin polizeilich-gerichtliche Eingriffsmöglichkeiten zuließ.
8 1873 von Bismarck eingebrachte Gesetzesvorlage, die Arbeitsvertragsbrüche zu kriminalisieren trachtete, aber vom Reichstag abgelehnt wurde
9 vgl. Hinweise zu Material 2, Tabelle 3

Material 2

Tabelle 1: Die industrielle Produktion 1780 – 1888

(in Millionen englischen Pfund)

Land	1780	1800	1820	1840	1860	1888
England	177	230	290	387	577	820
Frankreich	147	190	220	264	380	485
Deutschland	50	60	85	150	310	583

Manfred Görtemaker, Deutschland im 19. Jahrhundert, Bonn [5]1996, S. 155

Tabelle 2: Beschäftigte nach Wirtschaftssektoren (Deutschland)

	1867		1913		Zunahme	
	in Tsd.	in %	in Tsd.	in %	in Tsd.	in %
primärer Sektor						
Landwirtschaft, Forsten, Fischerei	8333	51,5%	10701	34,5%	+ 2368	28,4%
sekundärer Sektor						
Industrie, Handwerk	4155	25,7%	10857	35,1%		
Bergbau	225	1,4%	863	2,8%		
insgesamt	4380	27,1%	11720	37,8%	+ 7340	167,6%
tertiärer Sektor						
Verkehr	271	1,7%	1174	3,8%		
Handel, Banken, Versicherungen	879	5,4%	3474	11,2%		
häusliche Dienste	1422	8,8%	1542	5,0%		
sonstige Dienste	508	3,1%	1493	4,8%		
Verteidigung	378	2,3%	864	2,8%		
insgesamt	3458	21,4%	8547	27,6%	+ 5089	147,2%
gesamte Volkswirtschaft	16171		30968		+ 14797	91,5%

Thomas Nipperdey, Deutsche Geschichte 1866 - 1918, Band 1: Arbeitswelt und Bürgergeist, München, Verlag C.H. Beck, 1998, S. 269, ISBN: 978-3406-34453-4

Tabelle 3: Stimmen für die SPD bei den Reichstagswahlen 1871 – 1912

Reichstag	1871	1874	1877	1878	1881	1884	1887
Stimmen (in Tausend)	124,0	352,0	493,3	437,2	312,0	550,0	763,1
Stimmenanteil (in %)	3,2	6,8	9,1	7,6	6,1	9,7	10,1

Reichstag	1890	1893	1898	1903	1907	1912	
Stimmen (in Tausend)	1427,3	1786,7	2107,1	3010,8	3259,0	4250,4	
Stimmenanteil (in %)	19,7	23,3	27,2	31,7	29,0	34,8	

Manfred Görtemaker, Deutschland im 19. Jahrhundert, Bonn [5]1996, S. 267

Hinweise zur Tabelle 3:

Die Ergebnisse von 1871 und 1874 beziehen sich auf den Allgemeinen Deutschen Arbeiterverein (ADAV) und die Sozialdemokratische Arbeiterpartei (SDAP), von 1877 bis 1887 auf die Sozialistische Arbeiterpartei Deutschlands (SAPD) und seit 1890 auf die Sozialdemokratische Partei Deutschlands (SPD).

Aufgabentyp	Problemerörterung auf der Grundlage von historischen Quellen
Thematischer Schwerpunkt	Modernität und Antimodernität in der Zeit der Weimarer Republik und des Nationalsozialismus: Weimarer Demokratie vs. nationalsozialistischer Führerstaat
Themenübergreifende Bezüge	Restauration und Vormärz
Thema	Konservatismus und nationalsozialistischer „Führerstaat“
Material	Arthur Moeller van den Bruck: Das dritte Reich (1923)

Vorschlag B

Aufgaben

1 Fassen Sie die Haltung Moeller van den Brucks zur Demokratie im Allgemeinen und zur Weimarer Republik im Besonderen zusammen. (Material) (25 BE)

2 Erläutern Sie unter Berücksichtigung der Position des Autors die politische und ökonomische Situation der Weimarer Republik 1923. (20 BE)

3 Untersuchen Sie unter Berücksichtigung geeigneter Beispiele der nationalsozialistischen Machtergreifung, wie der von Moeller van den Bruck propagierte „Führergedanke“ im nationalsozialistischen Staat umgesetzt wurde. (30 BE)

4 Diskutieren Sie die These, der Konservatismus des frühen 19. Jahrhunderts habe wesentliche Gedanken Moeller van den Brucks vorweggenommen. (25 BE)

Material

Arthur Moeller van den Bruck: Das dritte Reich (1923)

Das Genie des deutschen Volkes ist nicht revolutionär. Es ist erst recht nicht liberal. Es ist konservativ. [...]

Der liberale Mensch verstand, die Jahre zu nutzen, die hinter uns liegen. Er befestigte während dieser Zeit seine politische Stellung in den demokratischen Errungenschaften der Revolution und, wenn es nur eben anging, durch ergebene Erfüllung des Friedens von Versailles. Er nahm die Verhältnisse hin, zu denen der Ausgang des Weltkrieges das Reich heruntergebracht hatte, ja, er suchte sich mit ihnen abzufinden und fand sie, indem er sie nach Möglichkeit beschönigte, durchaus erträglich und wohlgefällig. Der liberale Mensch ist immer Bejaher, schon um des Lebens willen, das er so liebt. Also bejahte er auch dieses Leben, das wir nach dem Befehle unserer Führer führen mußten. Der liberale Mensch frißt jede Schande, die man ihm hinwirft. [...]

Welche Sache ist heute unsere Sache? Welche kann sie nur sein? Welche muß sie sein? Der liberale Mensch möchte noch immer eine westliche Sache aus ihr machen, und der revolutionäre Mensch seine weltproletarische. Alle Erfahrungen von Versailles haben den Einen, alle Erfahrungen mit Moskau und der Nationalisierung des Sowjetstaates haben den Anderen nicht von gehegten Lieblingsvorstellungen abzubringen vermocht. Der konservative Mensch ist sich klar darüber, daß es sich für uns nunmehr und nur noch um die deutsche Sache handelt.

[...] Die Entstehung der deutschen Republik ist beispiellos. Sie entstand aus der Revolution. Und die Revolution entstand aus Verrat. Und der Verrat entstand aus Dummheit.

Es wird schwer sein, es wird vielleicht ganz umöglich sein, wenn erst das Volk sich als Nation fühlt, diese Zusammenhänge jemals aus der Erinnerung seiner Menschen zu löschen. Am neunten November[1], der ein so unreines Ereignis gewesen ist, wie der erste August[2] ein reines Erlebnis gewesen war, wurde die politische Erneuerung verfehlt. [...]

Wir brauchen nicht Demokraten, die von vornherein Partei sind, sondern volkliche Führer, die wir, ob sie nun in demokratischer oder aristokratischer Prägung, als Mariuscharaktere oder als Sullanaturelle[3] erscheinen, gar nicht erst zu fragen brauchen, welcher Partei sie angehören, weil ihre Partei von vornherein Deutschland ist. [...]

Wir brauchen, es ist sehr möglich, vielleicht sogar eine sehr lange und wechselnde Folge von solchen Führern, in denen sich die Politisierung der Nation als Nationalisierung des Volkes verkörpert; von Führern, in denen sich der Übergang von der deutschen Geschichte von Gestern über die Revolution hinweg in eine deutsche Geschichte von Morgen vollzieht, in die wir ohne sie führerlos hineintreiben würden. [...]

Die Enttäuschung durch den Parteigedanken bedeutet Bereitschaft für den Führergedanken. Und die Jugend hat sich diesem Führergedanken ganz unterstellt. In der Monarchie war kein Raum für ihn. Die Monarchie beanspruchte selber die Führung. Aber sie tat es mit einer Ausschließlichkeit, die nicht mehr auf Verdienst, sondern auf Herkommen beruhte. Erst die Revolution hat den Führergedanken freigegeben. Sie selber hat ihn als revolutionären Führergedanken in den Verführern verfehlt. Aber sie hat ihn als konservativen Führergedanken ausgelöst und dem Manne überantwortet, der nicht zersetzt, sondern erhält.

Arthur Moeller van den Bruck: Das dritte Reich, ³1931 (zuerst erschienen 1923), S. 249 f., 275 f., 279 ff.

Hinweise:
Arthur Moeller van den Bruck (1876 - 1925), Schriftsteller, der Titel seines 1923 erschienenen Buches „Das dritte Reich" diente dem Nationalsozialismus als politisches Schlagwort.

Die Rechtschreibung entspricht der Textvorlage.

Anmerkungen:
1 Gemeint ist der 9. November 1918 als ein Datum, das für den Beginn der Weimarer Republik steht.
2 Gemeint ist der 1. August 1914 als ein Datum, das für den Beginn des Ersten Weltkrieges steht (deutsche Kriegserklärung an Russland).
3 Gaius Marius (157 - 86 v. Chr.), aus dem Bauernstand stammend, und Lucius Cornelius Sulla (138 - 78 v. Chr.), führender Vertreter der konservativen Adelspartei, waren römische Feldherren, Konsuln und Diktatoren in der Zeit der Krise der Römischen Republik.

Aufgabentyp	Problemerörterung auf der Grundlage von historischen Quellen
Thematischer Schwerpunkt	Konflikt und Kooperation in der Welt nach 1945: Die deutsche Ebene – Teilung und Einheit
Themenübergreifende Bezüge	Der nationalsozialistische Führerstaat
Thema	Der Zusammenbruch der DDR 1989
Material	Flugblatt einer Plauener Gruppe der oppositionellen Bürgerbewegung in der DDR (Anfang Oktober 1989)

Vorschlag C

Aufgaben

1.1 Fassen Sie zusammen, was die Plauener Gruppe an den Verhältnissen in der DDR kritisiert und welche Schlussfolgerungen sie zieht. (Material) (20 BE)

1.2 Ordnen Sie den Zeitpunkt des Aufrufs in die Ereignisse in der DDR zwischen Frühjahr 1989 und März 1990 ein. (20 BE)

2 Erläutern Sie die Hauptursachen für die Krise in der DDR im Jahre 1989. (30 BE)

3 „Wenn wir diese Entwicklung in ihrer Gesamtheit betrachten [...], so müssen wir feststellen, dass wir Deutsche in der DDR aus der Geschichte des verderbenbringenden 3. Reiches nichts, aber auch gar nichts gelernt haben! 40 Jahre nach der Gründung der DDR zeigen sich hierzu erschreckende Parallelen." (Z. 19 ff.)
Beurteilen Sie, inwieweit sich die DDR mit dem Dritten Reich vergleichen lässt. (30 BE)

Material

Flugblatt einer Plauener Gruppe der oppositionellen Bürgerbewegung in der DDR (Anfang Oktober 1989)

MITTEILUNG UND AUFRUF DER „INITIATIVE ZUR DEMOKRATISCHEN ERNEUERUNG DER GESELLSCHAFT“

BÜRGER DER STADT PLAUEN!

Seit Monaten führt das SED-Regime eine bisher beispiellose Hetz- und Verleumdungskampagne gegen alle demokratisch gesinnten Kräfte in Europa! Besonders die BRD und Ungarn müssen als Zielscheibe für die sich immer mehr zuspitzende wirtschaftliche und politische Lage in unserem Land herhalten.

Da wird dem einstigen „Bruderstaat“ Ungarn im Rahmen der Flüchtlingsausreise vorgeworfen, sich von der BRD dazu verleiten lassen zu haben – ja man beschuldigt die Regierung der UVR[1] sogar des Menschenhandels!! Dies stellt nicht mehr nur eine grobe Beleidigung des ungarischen Volkes dar, sondern ist bereits ein Angriff auf die Souveränität dieses Staates!

Doch am schlimmsten sind die Fußtritte des SED-Regimes gegen das eigene Volk! In Funk, Fernsehen und Presse der DDR werden wir offen für unmündig erklärt. Die SED betreibt eine zügellose Volksverhetzung. Ein weltweiter Skandal war die Erklärung der Volkskammer der DDR zu den Vorgängen in China[2], die gleichzeitig als Drohung für das eigene Volk gedacht war. [...] Dieses SED-Regime [...] stellt sich mit solchen verbrecherischen Regierungen einfach auf eine Stufe und bekennt sich offen zu ihnen!

Ein weiterer Punkt: Wahlbetrug bei den Kommunalwahlen im Mai dieses Jahres. [...]

Wenn wir diese Entwicklung in ihrer Gesamtheit betrachten [...], so müssen wir feststellen, dass wir Deutsche in der DDR aus der Geschichte des verderbenbringenden 3. Reiches nichts, aber auch gar nichts gelernt haben! 40 Jahre nach der Gründung der DDR zeigen sich hierzu erschreckende Parallelen. Auch wenn es nicht in der Absicht dieses Staates steht und es ihm auch nie möglich sein wird, einen Krieg vom Zaune zu brechen, so sind es doch diejenigen, die am lautesten nach „Frieden“ schreien und am wenigsten dafür tun! [...] Wie können die sogenannte NVA und die Grenztruppen der DDR für sich in Anspruch nehmen, eine „Armee des Friedens“ zu sein, wenn Menschenverachtung, Kadavergehorsam und faschistischer Ungeist den Charakter bestimmen! Kampfgruppen und Bereitschaftspolizei üben bereits in großem Stile unter Anleitung des Staatssicherheitsdienstes die Niederschlagung von Streiks und Demonstrationen – und damit den Krieg gegen das eigene Volk! Das gesamte SED-Regime stellt nichts weiter als eine verdeckte Militärdiktatur dar, die sich nun immer mehr enthüllt und ihr wahres Gesicht zeigt! [...]

40 Jahre lang wurde den Menschen in unserem Staat jegliches Mitspracherecht verweigert, sie

wurden politisch und ideologisch verdummt, eingelullt, unmündig gemacht und eingeschüchtert. Überall spürt man die Ohnmacht des Volkes, deren Folge meist Resignation und Verweigerung sind, und für viele ist die Ausreise die einzige Alternative. Doch es gibt noch eine zweite Alternative, in der jeder einzelne von uns seinen Beitrag leisten kann - ja muss, und die heißt: Schluss mit Resignation und stummem Protest! Wir müssen endlich handeln - aktiven und energischen Widerstand leisten! Veränderungen können nur ERZWUNGEN werden. Was wir brauchen, ist eine starke Opposition! Oder wollen wir unsere Identität als Deutsche vollkommen verlieren, indem wir weiter abwarten, was geschieht, und auf Hilfe von außen hoffen? Was wollen wir noch alles über uns ergehen lassen - haben wir wirklich so viel zu verlieren? Doch eins steht fest - wenn wir nicht sofort aufwachen und uns von unserer Gleichgültigkeit befreien, dann verlieren wir auch noch unser „Gesicht" und unsere Würde. Es geht doch nicht nur um uns, es geht auch um ein geeintes, friedliches Europa, das mit dem Fortbestand solcher Diktaturen wie in der DDR, der CSSR oder Rumänien überhaupt nicht denkbar wäre! Und schließlich ist auch die Einheit Deutschlands, als ganz natürlicher, nie wegzuleugnender Wunsch aller Deutschen, nur in einem geeinten und gleichberechtigten europäischen Haus möglich. Dasselbe trifft dabei auch für den Kampf gegen die katastrophale Umweltsituation zu.

Dieser angeblich „sozialistische" Staat DDR entbehrt jeder Logik und Philosophie des gesunden Menschenverstandes. Es ist das am perfektesten organisierte und funktionierende Ausbeutersystem in der Geschichte der Menschheit.

AM 7. OKTOBER, dem 40. Jahrestag der DDR, findet deshalb eine großangelegte Protestdemonstration auf dem Plauener THEATERPLATZ statt.

BEGINN: 15.00 UHR

UNSERE FORDERUNGEN LAUTEN:
- Versammlungs- und Demonstrationsrecht
- Streikrecht
- Meinungs- und Pressefreiheit
- Zulassung der Oppositionsgruppe „Neues Forum"
- Freie, demokratische Wahlen
- Zulassung unabhängiger Parteien und Umweltgruppen
- Reisefreiheit für alle

BÜRGER DER STADT PLAUEN! Gestaltet Plakate mit diesen oder anderen von euch erhobenen Forderungen! Schließt euch zusammen! Die Zeit ist mehr als reif! Der Erfolg dieser Demonstration hängt zunächst nur von uns selber ab! Niemand muss Angst haben, denn was wir am 7. Oktober fordern, sind unsere grundlegendsten demokratischen Rechte. Die staatlichen Organe können und werden es nicht wagen, eine friedliche Demonstration mit mehreren tausend Menschen auseinanderzuschlagen!

BÜRGER! Überwindet eure Lethargie[3] und Gleichgültigkeit!
Es geht um unsere Zukunft!
JETZT ODER NIE!!!

Die Bundesbeauftragte für die Unterlagen des Staatssicherheitdienstes der ehmaligen DDR (BStU), Außenstelle Chemnitz, XIV 102/89 operativer Vorgang (OV) „Lunte“

Hinweise:
Die Gestaltung entspricht der Textvorlage.
Rechtschreibung, Zeichensetzung und Grammatik wurden behutsam angepasst.
Das zweiseitige getippte Flugblatt ist undatiert.

Anmerkungen:
1 UVR: ungarische Volksrepublik
2 Studentenunruhen bzw. Massendemonstrationen auf dem „Platz des Himmlischen Friedens“ in Peking wurden am 4. 6. 1989 durch die chinesische Armee gewaltsam beendet. Es gab zahlreiche Tote; Verhaftungen und Hinrichtungen folgten. In einer Erklärung vom 8. 6. 1989 unterstützte die Volkskammer der DDR das Vorgehen der chinesischen Führung.
3 Gleichgültigkeit, Teilnahmslosigkeit

LÖSUNGSVORSCHLAG 2011 LK

Lösungsvorschlag Vorschlag A

A.1 Geben Sie Mehrings Sicht [...] wieder.

HINWEIS Achten Sie darauf, dass Texte aus einer bestimmten Sicht formuliert sein können. Wenn Sie eine solche Sichtweise erkennen, sollten Sie diese Information auch in die formalen Kriterien der Textanalyse einfließen lassen.

Lösungsschritte zu Aufgabe A.1

1	Zuerst den biografischen Hinweis am Fuß des Textes beachten. Danach den Text sehr aufmerksam lesen
2	Beim zweiten Durchlesen Schlüsselbegriffe (z. B. „hartherzige Stiefmutter“) und gedankliche Absätze markieren. Ggf. Text nochmals, diesmal zusammen mit den zahlreichen Fußnoten lesen
3	Zu Beginn der eigenen Textwiedergabe einen einleitenden Satz, der Textsorte, Autor, Thema und Inhalt zusammenfasst, formulieren
4	Den Text in einigen Sätzen analysieren (historische Darstellung, Erscheinungsjahr, Zielsetzung, Bewertung der Aussagekraft, Zeitumstände, evtl. Sprache)
5	Den Text in eigenen Worten zusammenfassen
6	Die Einleitung (3. + 4.) überprüfen, ob sie die Punkte Ihrer Ausführungen wiedergibt

Stichpunktlösung zu Aufgabe A.1

Einleitung und Charakterisierung des Textes

Der marxistische Historiker Franz Mehring reflektiert in dem vorliegenden Textauszug die Situation der Arbeiter im neu entstandenen Kaiserreich und die Verfolgungen, die ihre Vertreter von Seiten der kaiserlichen Regierung und der bürgerlichen Parteien zu erleiden hatten.

Der Text ist Teil einer historischen Darstellung zur deutschen Geschichte, die 1910 veröffentlicht wurde, also etwa 30 bis 40 Jahre nach den beschriebenen Ereignissen. Es fällt auf, dass Mehring sehr stark Partei für die Sozialdemokratie und die Gewerkschaften ergreift.

Zusammenfassung

- Mehring betont, dass die sozialdemokratische Bewegung seit der Gründung des Kaiserreiches die gleichen Verfolgungen von Seiten der Regierung hinzunehmen hatte wie während des Deutsch-Französischen Krieges (Z. 1 - 4)
- Auch der wirtschaftliche Aufschwung der Gründerzeit behob nicht die Armut der Arbeiterklasse; die entstehende Streikbewegung war Resultat der sinkenden Reallöhne (Z. 5 - 8)
- Die aufkommende gewerkschaftliche Bewegung wurde von Seiten der bürgerlichen Presse und der bürgerlichen Parteien als Aufhetzung der Arbeiter gedeutet; daher wurde versucht, diese zu unterbinden (Z. 9 - 12)
- Vorrangiges Ziel der Sozialdemokratie sei es nach Mehring jedoch gewesen, die Arbeiter überhaupt erst zu organisieren (weshalb sie nicht zu Streiks aufrief) und sich als einzige Interessenvertretung der Arbeiterschaft zu empfehlen (Z. 13 - 18)
- Die nationale Begeisterung, die durch die Reichsgründung hervorgerufen worden war, verflog in der Arbeiterbewegung sehr schnell angesichts fortwährender Militär- und Steuerlasten und der ersten gesetzgeberischen Maßnahmen Bismarcks gegen die Sozialdemokratie (Z. 19 - 28)
- Nach den Wahlen von 1894 waren sich beide sozialdemokratischen Parteien bewusst, dass sie nur in gegenseitiger Unterstützung gegen die Anfeindungen aus dem bürgerlichen Lager und von Seiten der Regierung würden bestehen können (Z. 29 - 37)

TIPP Gliedern Sie Ihre Ausführungen sinnvoll, indem Sie die Gedanken des Autors zusammenfassen und strukturieren. Eigene Formulierungen sollten sich sprachlich nicht zu sehr an den Autorentext anlehnen.

A.2 Erläutern Sie unter Verwendung der Tabellen [...].

HINWEIS Die Analyse und Interpretation von komplexeren Tabellen sollte vorher im Unterricht oder in der Vorbereitung der Abiturphase eingeübt werden.

Lösungsschritte zu Aufgabe A.2

1	Auf einem Konzeptpapier zunächst in einer Mindmap festhalten, was aus dem Unterricht über Industrialisierung im Kaiserreich und die gesellschaftliche Entwicklung der Arbeiterschaft bekannt ist (Platz für Ergänzungen lassen)
2	Die Tabellen einzeln sichten und mit einem Bleistift oder Textmarker auffällige Entwicklungen markieren (drei Farben für drei verschiedene Tabellen)

3	Die Stichworte aus Lösungsschritt 1 in jeweils der gleichen Farbe ergänzen oder bestätigen
4	Die in Schritt 1 bis 3 gemachten Notizen in einem strukturierten Text ausformulieren

Stichpunktlösung zu Aufgabe A.2

Aspekte der wirtschaftlichen und gesellschaftlichen Entwicklung aus Tabelle 1

- In Deutschland setzte die Industrielle Revolution erst spät ein (Grund: langjährige Kleinstaaterei); dies fällt besonders im Vergleich mit den Produktionszahlen von Frankreich und England auf
- Deutliche Zuwächse erfuhr die industrielle Produktion erst zwischen 1820 und 1840 (Grund: Gründung des Deutschen Zollvereins 1835)
- Erst 1888 (also nach der Reichsgründung 1871) hat Deutschland seinen Rückstand aufgeholt, die Produktionszahlen von Frankreich übertroffen und ist zur führenden kontinentalen Wirtschaftsmacht aufgestiegen
- Parallel entwickelte sich auch das neue Selbstbewusstsein des jungen Kaiserreiches, das sich z. B. im kolonialen Großmachtstreben oder im Flottenbau ausdrückte
- Damit geriet das Kaiserreich - wirtschaftlich und weltpolitisch - immer stärker in Konkurrenz zur Großmacht England, ohne aber an deren Produktivität heranzureichen

Aspekte der wirtschaftlichen und gesellschaftlichen Entwicklung aus Tabelle 2

- Der industrielle und handwerkliche Sektor wuchs zwischen 1867 und 1913 sehr viel stärker (+ 167,6 %) als der landwirtschaftliche Sektor (+ 28,4 %). Daran lässt sich der Wandel des Kaiserreiches zu einem Industriestaat ablesen
- Mit der Zunahme des industriellen Sektors verbunden ist das Anwachsen des tertiären Sektors, vor allem des Güter- und Schienenverkehrs und seiner Beschäftigten
- Dem erhöhten Bedarf an Industriearbeitern kam die im 19. Jh. einsetzende Bevölkerungsexplosion zugute; die Anzahl der Beschäftigten insgesamt verdoppelte sich
- Es kam zur Landflucht; Familien, die auf dem Land keine Arbeit mehr fanden, wanderten ab in die Städte; Industriezentren und Ballungsräume entstanden (z. B. Ruhrgebiet)
- Ein Industrieproletariat entstand, das in den Städten erbärmliche Lebensbedingungen, keine soziale Absicherung und harte Arbeitsbedingungen (Fabrikordnungen) vorfand
- Die Arbeits- und Lebensverhältnisse wandelten sich fundamental (durch die Trennung von Wohnung und Arbeitsplatz, die Rationalisierung der Arbeit und die Abhängigkeit der Arbeiter von ihren Arbeitsgebern)

- Das Industrieproletariat besaß zunächst keine Interessenvertretung; Gewerkschaften oder gar Parteien als Interessenvertretung der Arbeiterschaft fungierten noch nicht als Verhandlungspartner der Arbeitgeber

Aspekte der wirtschaftlichen und gesellschaftlichen Entwicklung aus Tabelle 3

- Zwischen 1871 und 1877 nahmen die Stimmen für die Sozialdemokratie um 6 % zu; Erklärung: Dauerhafte gewerkschaftliche Zusammenschlüsse gab es in ganz Deutschland erst seit 1872; durch sie wurde die Arbeiterbewegung zu einer Massenbewegung
- Bei den Reichstagswahlen 1874 konnte die Sozialdemokratie, vertreten im Reichstag durch den ADAV und die SDAP, ihre Stimmen gegenüber 1871 verdoppeln; Erläuterung: In Rezeption des Kommunistischen Manifests von Karl Marx und Friedrich Engels wurde 1863 unter Lasalle der ADAV gegründet, 1869 durch Bebel und Liebknecht die Sozialistische Arbeiterpartei (SDAP); jedoch erst 1875 vereinigten sie sich zur SPD, nachdem sie bei den Reichstagswahlen von 1874 - wie von Mehring beschrieben (Z. 29 ff.) - gleiche Stimmzahlen erreicht hatten
- Von 1877 bis 1881 gingen die Stimmen für die Sozialdemokratie deutlich zurück; Erklärung: Die sozialistischen Parteien waren auch vor der Reichsgründung Verfolgungen ausgesetzt; diese erreichten jedoch mit dem Sozialistengesetz von 1878 einen Höhepunkt; die sozialdemokratischen Abgeordneten im Reichstag blieben allerdings davon unbehelligt
- Ab 1884 stiegen die Wählerstimmen kontinuierlich an, bis die SPD 1912 erstmals stärkste Partei im Reichstag wurde. Erklärung: Bismarck erreichte sein Ziel nicht, durch Sozialistengesetz und Sozialgesetzgebung die Arbeiterschaft von der Sozialdemokratie abzutrennen. Das Sozialistengesetz wurde 1890 aufgehoben.

> TIPP Achten Sie darauf, dass Sie Ihre Gedanken konsequent anhand des Datenmaterials aus den Tabellen entwickeln. Bei langfristigen Entwicklungen müssen Sie auch Informationen aus der Zeit vor der Reichsgründung einbeziehen.

A.3 Diskutieren Sie, ob diese These Mehrings [...] gelten kann.

> HINWEIS Diese Aufgabe kann mehrere Lösungen haben. Je nachdem, welche Schwerpunkte im Unterricht gesetzt wurden, können die Beispiele unterschiedlich gewählt werden.

Lösungsschritte zu Aufgabe A.3

1	In Stichpunkten notieren, welche Rolle die Arbeiterbewegung während des Ersten Weltkrieges, bei Gründung und in der Anfangsphase der Weimarer Republik spielte
2	Zu diesen Stichpunkten ergänzen, welche Gegenkräfte diese Rolle beeinflussten
3	Auf diese Art vorstrukturiert einen Text formulieren; am Ende (!) ein Fazit ziehen
4	Die eigenen Ausführungen zu allen Teilaufgaben auf sprachliche Richtigkeit und Verständlichkeit prüfen; Rechtschreibung, Zeichensetzung und Grammatik beachten

Stichpunktlösung zu Aufgabe A.3

Aspekte, welche die These Mehrings stützen

- Die Parteien hatten während des Ersten Weltkrieges einen „Burgfrieden" geschlossen, was bedeutete, dass Kriegskredite auch von der SPD-Fraktion gebilligt wurden und Streiks von Gewerkschaftsseite vermieden werden sollten
- Dieser Burgfriede begann 1915/16 zu bröckeln, bis es schließlich 1916/17 zu Friedensbemühungen und wachsender Opposition gegen eine Fortsetzung des Krieges kam
- Die Abspaltung eines Teils der Sozialdemokratie und Gründung der USPD zeigten, dass sich Teile der Arbeiterbewegung strikt gegen die Fortsetzung des Krieges einsetzten; schließlich zwang eine Reichstagsmehrheit aus SPD, Zentrum und Fortschrittspartei den Reichskanzler Bethmann Hollweg zum Rücktritt
- Die SPD spielte gegen Kriegsende eine bedeutende Rolle bei der aufgrund der drohenden Kriegsniederlage anstehenden Parlamentarisierung der Verfassung
- Nach dem Rücktritt des Kaisers übergab Max von Baden die Regierungsgeschäfte und das Kanzleramt an den Vorsitzenden der MSPD, Ebert. Dieser hatte das Ziel, die Aufstände einzudämmen und für Ruhe und Ordnung zu sorgen
- Im „Stinnes-Legien-Abkommen" vom November 1918 wurden die Gewerkschaften erstmals offiziell als Arbeitervertretung von Arbeitgeberseite anerkannt
- Die SPD als Teil der „Weimarer Koalition" garantierte auch durch den Reichspräsidenten Ebert die Etablierung der ersten deutschen Demokratie

Aspekte, welche die These Mehrings relativieren

- Die Streitigkeiten um den Verständigungsfrieden 1917 zeigen zum einen das gewachsene Selbstvertrauen der Sozialdemokratie, zum anderen aber auch, dass sich die Vertreter der Arbeiterschaft bezüglich ihres Auftrages (Vorrang nationaler Interessen oder Widerstand gegen den Krieg) noch nicht einig waren
- Diese Uneinigkeit zeigte sich auch in der doppelten Ausrufung der Republik durch

Scheidemann (SPD) - parlamentarische Demokratie - und Liebknecht (Spartakus) - sozialistische Räterepublik

- Die Tatsache, dass die OHL den Prozess der Parlamentarisierung, aber auch die Unterzeichnung des Versailler Vertrages an die Parteien abtrat, sorgte für eine nachhaltige Belastung der SPD („Erfüllungspolitiker", „Dolchstoßlegende")
- Ambivalente Rolle der MSPD beim „Pakt mit den alten Mächten"; z. B. ermöglichte der „Ebert-Groener-Pakt" einerseits Ruhe und Ordnung, andererseits aber auch das Fortbestehen eines nicht demokratisch gesinnten Heeres
- Das „Stinnes-Legien-Abkommen" verhinderte die Sozialisierung von Schlüsselindustrien und nahm somit Entscheidungen für die zukünftige Verfassung vorweg

Fazit

Mehrings These ist insofern zuzustimmen, als ungeachtet aller inneren Differenzen die Arbeiterbewegung zu einem integralen Bestandteil der politischen und gesellschaftlichen Willensbildung in der Weimarer Republik geworden ist. Andererseits darf nicht übersehen werden, dass die SPD zu Beginn der Weimarer Republik zahlreiche Kompromisse mit den alten Eliten einging und mit der „Machtergreifung" der Nationalsozialisten durchaus „zur Seite" gedrängt wurde.

Schnell-Check Vorschlag A

Aufgabe	Thema/Aufgabentyp			Trainingstipps
A.1	Einen Text mit eigenen Worten wiedergeben			Lesestrategien üben: ■ Schlüsselwörter, Überschriften, Sinnabschnitte markieren ■ Den Argumentationsgang (These, Beispiele) erkennen ■ Thesen zusammenfassen
A.2	Historische Ausgangsbedingungen vergleichen			■ Vergleichskriterien tabellarisch in Stichpunkten auflisten ■ Unterschiede farbig kennzeichnen ■ Im Text ausformulieren
A.3	Ein Urteil überprüfen			■ Argumente finden, die diese These widerlegen oder stützen können ■ Die Argumente in ihrer Aussagekraft abwägen ■ Gedankengang in einer begründeten These abschließen

Lösungsvorschlag Vorschlag B

B.1 Fassen Sie die Haltung [...] zur Demokratie [...] zusammen.

HINWEIS Achten Sie darauf, dass Texte aus einer bestimmten Sicht formuliert sein können. Wenn Sie eine solche Sichtweise erkennen, sollten Sie diese Information in die formalen Kriterien der Textanalyse einfließen lassen.

Lösungsschritte zu Aufgabe B.1

1	Biografischen Hinweis am Fuß des Textes beachten; Text sehr aufmerksam lesen
2	Beim zweiten Durchlesen Schlüsselbegriffe (z. B. „volkliche Führer") und gedankliche Absätze markieren; ggf. Text nochmal, diesmal zusammen mit den Fußnoten, lesen
3	Zu Beginn der eigenen Textwiedergabe einen einleitenden Satz formulieren, der über Textsorte, Autor, Thema und Inhalt informiert
4	Den Text in einigen Sätzen analysieren (Quellenart, Erscheinungsjahr, Zielsetzung, Bewertung der Aussagekraft, Zeitumstände, evtl. Sprache)
5	Den Text in eigenen Worten zusammenfassen
6	Die Einleitung (3. und 4.) überprüfen, ob sie die Punkte Ihrer Ausführungen wiedergibt

Stichpunktlösung zu Aufgabe B.1

Einleitung und Charakterisierung des Textes

Der Schriftsteller Arthur Moeller van den Bruck lehnt im vorliegenden Textauszug die liberaldemokratische Regierungsform der Weimarer Republik und deren Vertreter ab. Stattdessen propagiert er den Führergedanken als staatliche Organisationsform. Der Text ist eine Quelle. Er stammt aus Moeller van den Brucks Buch „Das dritte Reich", veröffentlicht 1923. Das „Krisenjahr 1923" war geprägt von Ruhrkampf und Inflation. Van den Brucks nationalistisch-völkisch geprägter Sprachstil hat große Nähe zu nationalsozialistischem Gedankengut.

Zusammenfassung

- Nach Moeller van den Brucks Auffassung hat die deutsche Bevölkerung eine vorwiegend konservative politische Grundeinstellung (Z. 1)
- Demokraten und Parteien hätten nicht Deutschland als Ganzes, sondern nur ihre Parteiinteressen („westliche" oder „weltproletarische") im Blick (Z. 11 ff. und 23)
- Daher brauche es zukünftig „volkliche Führer", welche die Nationalisierung des Vol-

kes voranbrächten; dieser neue Führergedanke sei aus der Enttäuschung über das bisherige (fruchtlose) Handeln der Parteien entstanden (Z. 23 – 31)

- Im Gegensatz zur Monarchie, welche ihren Anspruch auf Führung vom Herkommen (Tradition) ableite, sei der neue Führergedanke auf „Verdienst“ aufgebaut (Z. 34 f.)
- Der Autor lehnt das Handeln der „liberalen“ Erfüllungspolitiker ab, die sich dem Versailler Vertrag verpflichtet sähen und diese Situation kritiklos hinnähmen (Z. 3 – 10)
- Weimarer Republik und Revolution hätten den Verrat (vgl. Dolchstoßlegende) als Grundlage gehabt, jedoch das Ziel einer politischen Erneuerung verfehlt (Z. 17 – 22)
- Die nationale Erneuerung verfolge jedoch weder westliche noch weltproletarische Ideen, sondern die „deutsche Sache“ (Z. 16). Sowohl demokratische als auch sozialistische Ideen seien nach Auffassung des Autors als nicht „deutsch“ anzusehen

TIPP Gliedern Sie Ihre Ausführungen sinnvoll, indem Sie die Gedanken des Autors zusammenfassen und strukturieren. Eigene Formulierungen sollten sich sprachlich nicht zu sehr an den Autorentext anlehnen.

B.2 Erläutern Sie [...] die Situation der Weimarer Republik [...]

HINWEIS Hier müssen Sie Ihr Hintergrundwissen zum Krisenjahr 1923 einbringen. Versuchen Sie, möglichst viele Aspekte anzusprechen, um den Erwartungshorizont sicher abzudecken.

Lösungsschritte zu Aufgabe B.2

1	Auf einem Konzeptpapier zunächst schematisch festhalten, was aus dem Unterricht über das Krisenjahr 1923 (Ursachen, Verlauf, Folgen) bekannt ist
2	Bezüge dazu im Text farblich kennzeichnen
3	Die in Schritt 1 und 2 gemachten Notizen in einem strukturierten Text ausformulieren

Stichpunktlösung zu Aufgabe B.2

Außenpolitik

- Konflikt zwischen Deutschland und Frankreich wegen der Kohlelieferungen, die an Frankreich gemäß Versailler Vertrag zu leisten waren; auch Moeller van den Bruck kritisiert die Erfüllung des Versailler Vertrages als „Schande“

- Als Deutschland 1923 mit den Lieferungen kurzfristig in Rückstand geriet, besetzten französische Truppen das Ruhrgebiet und nahmen dieses als „produktives Pfand“
- Die deutsche Regierung rief zum passiven Widerstand auf, dieser blieb jedoch nicht überall gewaltlos

Wirtschaft

- Der Ruhrkampf führte zur Hyperinflation, weil die Unterstützung der Streikenden aus Steuermitteln finanziert wurde; dazu wurde mehr Geld gedruckt
- Verarmung bis Proletarisierung weiter Kreise des Bürgertums
- Die Notstandsregierung unter Stresemann sah sich gezwungen, im September 1923 den Ruhrkampf zu beenden und im November eine Währungsreform durchzuführen

Innenpolitik / Gesellschaft

- Seit 1920 fehlte der „Weimarer Koalition“ die Reichstagsmehrheit (zuvor über 70 %)
- Die Beendigung des Ruhrkampfes verstärkte den Zulauf zu rechts- und linksradikalen Gruppen; auf diese Stimmung geht der Autor in seinem Text besonders ein
- Der im Oktober 1923 in Thüringen und Sachsen versuchte kommunistische Umsturzversuch wurde durch Reichswehrtruppen niedergeschlagen
- Beim „Hitler-Ludendorff-Putsch“ von rechter Seite im November 1923 weigerte sich die Reichswehr einzugreifen; er wurde von Polizeitruppen niedergeschlagen
- Die Reichswehr erwies sich als unkalkulierbarer Ordnungsfaktor

> TIPP Achten Sie darauf, dass Sie Ihre Gedanken immer wieder auf den Autorentext beziehen. Bei langfristigen Entwicklungen müssen auch Informationen aus der Zeit vor 1923 herangezogen werden.

B.3 Untersuchen Sie […], wie der […] Führergedanke […]

> HINWEIS Die Lösung zu dieser Aufgabe kann durchaus unterschiedlich ausfallen. Je nachdem, welche Schwerpunkte im Unterricht gesetzt wurden, können verschiedene Beispiele angeführt werden.

Lösungsschritte zu Aufgabe B.3

1	In Stichpunkten notieren, wie im Laufe des Jahres 1933 der Führerstaat etabliert und alle oppositionellen Gruppen ausgeschaltet wurden
2	Ergänzend das Führerprinzip in Stichpunkten kurz erläutern
3	Auf diese Art vorstrukturiert einen Text formulieren

Stichpunktlösung zu Aufgabe B.3

- Reichspräsident Hindenburg ernannte Hitler im Januar 1933 zum Reichskanzler eines von ihm abhängigen Präsidialkabinetts, entsprechend den vorherigen
- Der Wahlkampf 1932 war von der NSDAP unter Betonung/Stilisierung Hitlers als charismatische Erlöserfigur geführt worden („Unsere letzte Hoffnung: Hitler")
- Sofort nach der Ernennung Hitlers zum Reichskanzler setzten – ermöglicht durch die SA als Hilfspolizei und Frick als NS-Innenminister – Repressalien gegen politische Gegner ein, die durch die „Reichstagsbrandverordnung" vom Februar 1933 verschärft wurden
- Danach herrschte ein permanenter Ausnahmezustand, der besonders von der Außerkraftsetzung der Grundrechte geprägt war
- Das „Ermächtigungsgesetz" vom März 1933, das gegen die Stimmen der SPD-Fraktion sowie unter Ausschluss der Kommunisten und anderer rechtswidrig verhafteter Abgeordneter beschlossen wurde, schaffte die Gewaltenteilung ab. Die Regierung selbst konnte nun auch die Legislative ohne Zustimmung des Reichstags ausüben
- Durch die Gleichschaltung der Landesregierungen, Zerschlagung der Gewerkschaften und Gründung der Deutschen Arbeitsfront (DAF) als einzige (parteiliche) Gewerkschaft sowie durch das Wegfallen der zur Selbstauflösung genötigten Parteien war keine wirksame politische Opposition mehr möglich. Unterstützt wurde diese Gleichschaltung durch Propaganda und Massenveranstaltungen
- Die NSDAP wurde nun unter dem Führer Adolf Hitler zur alleinigen Trägerin des Staatsgedankens (Identität der Interessen von Volk und Partei vorausgesetzt); ein Gesetz verbot die Neugründung von Parteien
- Die Gleichschaltung erfasste sämtliche politischen und gesellschaftlichen Bereiche; das Führerprinzip, das vor 1933 nur für die NSDAP galt, wurde allgemein eingeführt
- Auch mutmaßliche innerparteiliche Opposition gegen den „Führer" wurde ausgeschaltet (z. B. Ermordung des SA-Chefs Ernst Röhm 1934, „Röhm-Putsch")
- Nach dem Tod des Reichspräsidenten Hindenburg im August 1934 vereinigte Hitler die beiden Ämter unter dem Begriff „Führer und Reichskanzler" auf sich selbst; die Reichswehr musste ihren Eid fortan auf ihn persönlich schwören

TIPP Sie können bei Ihrer Lösung auch Aspekte aus der Zeit nach der Etablierung des Führerstaates 1933/34 heranziehen.

B.4 Diskutieren Sie die These, der Konservatismus […]

HINWEIS Zu dieser Aufgabe kann es sowohl hinsichtlich der Argumentation als auch des Ergebnisses unterschiedliche Lösungen geben. Sie hängen von den gewählten Beispielen und Argumenten ab.

Lösungsschritte zu Aufgabe B.4

1	Nochmals die Unterstreichungen aus Aufgabe 1 (Lösungsschritt 1) aufmerksam lesen
2	Ideen und Überzeugungen des Konservatismus in der Zeit nach dem Wiener Kongress in Stichworten notieren
3	Ähnlichkeiten/Unterschiede zu den Vorstellungen Moeller van den Brucks markieren
4	Auf diese Art vorstrukturiert einen Text formulieren
5	Die eigenen Ausführungen zu allen Teilaufgaben auf sprachliche Richtigkeit und Verständlichkeit prüfen; Rechtschreibung, Zeichensetzung und Grammatik beachten

Stichpunktlösung zu Aufgabe B.4

Gemeinsamkeiten/Ähnlichkeiten zu den Gedanken Moeller van den Brucks

- Der Konservatismus der Reaktionszeit lehnt die Ideen der Aufklärung ab und versucht, einer Revolution im Deutschen Bund z. B. durch die „Heilige Allianz" oder die Karlsbader Beschlüsse mit Lehrverboten und Pressezensur vorzubeugen
- Mit der Heiligen Allianz zwischen den Monarchen Preußens, Russlands und Österreichs wird versucht, den Zustand vor der Französischen Revolution zu erhalten und damit die Monarchien, die auf dem „Gottesgnadentum" basieren, zu sichern
- In den Karlsbader Beschlüssen werden die national und liberal gesinnten Burschenschaften verboten, zu freiheitlich denkende Professoren erhalten Lehrverbot und die Presse wird einer Zensur unterworfen. Damit wird versucht, der Verbreitung von Gedanken, die der Monarchie schaden könnten, Einhalt zu gebieten
- Mit beiden Maßnahmen wird das autoritäre Herrschaftsgefüge gesichert
- Auch Moeller van den Bruck lehnt die Aufklärung, die Ideen der Französischen Revolution, Demokratie, Parteien und Liberalismus ab (Z. 3–10, 17 f., 23, 32) und befürwortet mit dem Führergedanken eine autoritäre Herrschaftsform (Z. 23 ff., 32 ff.)

Unterschiede zu den Gedanken Moeller van den Brucks

- Moeller van den Bruck betont den Unterschied zwischen einem Führerstaat, der auf „Verdienst" beruhe, und der Monarchie, die auf Herkommen beruhe (Z. 34 f.)

- Bei den Beschlüssen der „Heiligen Allianz" (Restauration, Legitimität und Solidarität) spielen nationale Erwägungen keine Rolle; hier steht der Erhalt der Erbmonarchien im Vordergrund; dazu schloss der Adel internationale Bündnisse; Moeller van den Bruck hingegen geht es um die „deutsche Sache" (Z. 16)
- Die Heilige Allianz wollte den alten bestehenden Zustand erhalten, Moeller van den Bruck will einen völkisch-deutschen Staat mit Führerprinzip erst schaffen (Z. 27 ff.)

Fazit

Obwohl sich durchaus Gemeinsamkeiten mit dem Konservatismus des frühen 19. Jahrhunderts feststellen lassen, gibt es vor allem Differenzen zu der Zielsetzung des Autors, der ja seinen „Führerstaat" überhaupt erst durch eine Revolution entstehen lassen will. Im Gegensatz dazu versucht der Konservatismus ja gerade, die bestehenden Herrschaftsverhältnisse zu bewahren.

Schnell-Check Vorschlag B

Aufgabe	Thema/Aufgabentyp	☺	☹	Trainingstipps
B.1	Die Haltung des Autors zusammenfassen			Lesestrategien üben: ■ Schlüsselwörter, Überschriften, Sinnabschnitte markieren ■ Den Argumentationsgang (These, Beispiele) erkennen ■ Thesen des Autors strukturiert zusammenfassen
B.2	Die politische und ökonomische Situation erläutern und dabei die Quelle berücksichtigen			■ Stichpunkte zur Frage auflisten ■ Aussagen im Text dazu markieren ■ Strukturiert ausformulieren
B.3	Die Umsetzung eines Gedankens oder einer Theorie in die Praxis untersuchen			■ Beispiele finden und erläutern, die die Umsetzung aufzeigen ■ Die Beispiele in ihrer Aussagekraft abwägen ■ Im Text strukturiert ausformulieren
B.4	Eine These diskutieren			■ Beispiele finden, die die These stützen oder widerlegen können ■ Die Beispiele in ihrer Aussagekraft abwägen ■ Ausformulieren, mit einer begründeten Stellungnahme abschließen

Lösungsvorschlag Vorschlag C

C.1.1 Fassen Sie zusammen, was die Plauener Gruppe [...]

HINWEIS Formulieren Sie eine Einleitung, charakterisieren Sie kurz die Quelle (Quellenkritik) und geben Sie die Grundaussagen der Plauener Gruppe mit eigenen Worten kurz und unkommentiert wieder.

Lösungsschritte zu Aufgabe C.1.1

1	Den Text sehr aufmerksam durchlesen; dabei auch auf die Fußnoten achten
2	Beim zweiten Durchlesen Schlüsselbegriffe (z. B. „Wahlbetrug") und gedankliche Absätze markieren
3	Zu Beginn der eigenen Textwiedergabe einen einleitenden Satz formulieren, der über Textsorte, Autor, Thema und Inhalt informiert
4	Den Text in einigen Sätzen analysieren (Quellenart, Erscheinungsjahr, Zielsetzung, Bewertung der Aussagekraft, Zeitumstände, evtl. Sprache)
5	Den Text in eigenen Worten zusammenfassen
6	Die Einleitung (3. und 4.) überprüfen, ob sie die Punkte Ihrer Ausführungen wiedergibt

Stichpunktlösung zu Aufgabe C.1.1

Einleitung und Charakterisierung des Textes

In dem Flugblatt, das in der Stadt Plauen (damals DDR) verteilt wurde, benennt eine oppositionelle Gruppe offen die damaligen und strukturellen Missstände in der DDR und ruft zum Protest dagegen auf. Dieses Flugblatt vom Oktober 1989 ist eine Quelle. Es verfolgt das Ziel, kurz vor dem 40. Jahrestag der Gründung der DDR möglichst viele Bürger für eine Demonstration zu mobilisieren. Diese Aktion war für die Oppositionellen angesichts der Allgegenwart des Staatssicherheitsdienstes der DDR ein riskantes Unterfangen.

Zusammenfassung

Kritik an den Verhältnissen in der DDR

- „Hetz- und Verleumdungskampagne" gegen die BRD und Ungarn (Rede von „Menschenhandel") angesichts der Ausreisewelle von DDR-Bürgern (Z. 4 – 10)
- Solidaritätserklärung für die chinesische Regierung nach der brutalen Niederschlagung der Studentenunruhen auf dem „Platz des Himmlischen Friedens" (Z. 14 – 17)
- Wahlbetrug bei den Kommunalwahlen im Mai 1989 (Z. 18)
- Parallelen zwischen den Zuständen in der DDR und im Dritten Reich (Z. 20 – 22)

- Selbstbild der DDR, insbesondere der NVA und Grenztruppen, als Förderer des Friedens sei falsch; unter Führung der Staatssicherheit werde der „Krieg gegen das eigene Volk" geübt; das SED-Regime sei eine „verdeckte Militärdiktatur" (Z. 22 - 31)
- Seit dem Bestehen der DDR würden den Bürgern ihre politischen Rechte und Informationen vorenthalten; sie würden entmündigt und eingeschüchtert (Z. 32 f.)

Schlussfolgerungen

- Aufruf zum „aktiven und energischen Widerstand", der eine starke Opposition etablieren und Veränderungen erzwingen soll (Z. 35 - 39)
- Ziel: ein friedlicher europäischer Einigungsprozess, der die deutsche Einheit mit einschließt, sowie die Übernahme von Verantwortung in Umweltfragen (Z. 39 - 45)
- Aufruf zur Teilnahme an einer Demonstration am 7. Oktober, um der Forderung nach Grundrechten und der Möglichkeit politischer Partizipation Ausdruck zu verleihen; Aufforderung an die Bürger, entsprechende Plakate anzufertigen (Z. 53 - 72)
- Appell an die Verantwortung jedes Einzelnen für den Erfolg der Protestaktion; Versuch, Ängste der Bürger zu zerstreuen (Z. 65 ff.)

> TIPP Gliedern Sie Ihre Ausführungen sinnvoll, indem Sie die Gedanken der Autoren zusammenfassen und strukturieren. Formulieren Sie mit eigenen Worten und setzen Sie Zitate in Anführungszeichen.

C.1.2 Ordnen Sie den Zeitpunkt des Aufrufs [...] ein.

> HINWEIS Gefordert wird eine Auflistung zentraler Ereignisse zwischen Frühjahr 1989 und März 1990 sowie die sinnvolle Einordnung der Textquelle in diesen Kontext.

Lösungsschritte zu Aufgabe C.1.2

1	In Stichpunkten zunächst zentrale Ereignisse und Daten für den gefragten Zeitraum zusammenstellen; auch die Quelle Anfang Oktober 1989 einfügen
2	Prüfen, welche der notierten Daten Eingang in die ausformulierte Lösung finden sollen; Entscheidung nach Aussagekraft und Relevanz
3	Die in Schritt 1 und 2 gemachten Notizen in einem strukturierten Text ausformulieren

Stichpunktlösung zu Aufgabe C.1.2

- Eine Glaubwürdigkeitskrise leitete den Niedergang der DDR ein; diese war bedingt durch die Unfähigkeit der SED-Führung, die wirtschaftlich und sozial angespannte

Lage (Staatsverschuldung, fehlende Opposition) durch strukturelle Reformen zu klären
- Die DDR grenzte sich von der Reformpolitik Gorbatschows („Glasnost" und „Perestroika") ab; die innere Krise wurde durch außenpolitische Isolierung verstärkt
- Umfassende gesellschaftliche Reformen in anderen osteuropäischen Staaten
- Wachsender Unmut in der DDR-Bevölkerung im Kontext der Kommunalwahlen im Mai 1989, als oppositionelle Gruppen nach Prüfung der Wahlergebnisse der SED-Führung Wahlmanipulation vorwarfen; darauf nimmt auch die Quelle Bezug
- Ungarn als ehemaliges „sozialistisches Bruderland" öffnete im Mai seine Grenzen nach Österreich; Flucht vieler unzufriedener DDR-Bürger über die Botschaften der Bundesrepublik in Budapest, Prag und Warschau
- Massenflucht der DDR-Bürger, Erstarken von Bürgerrechtsgruppen und neue Parteien („Neues Forum") verdeutlichten den Autoritätsverlust von Staats- und Parteiführung
- Massendemonstrationen im Umfeld der Feierlichkeiten zum 40. Jahrestag der Gründung der DDR im Oktober (u. a. Leipziger Montagsdemonstrationen); in diesem Kontext steht die Quelle; Wechsel an der Führungsspitze der SED: auf Honecker folgte Krenz
- 7./8. November: Rücktritt der SED-Regierung und des Politbüros
- Nacht 9./10. November: „Mauerfall", die DDR öffnete ihre Grenzen nach Westberlin
- Dezember: Der „Runde Tisch" aus Vertretern der ehemaligen „Blockparteien" und der neu gegründeten oppositionellen Gruppen übernahm die Kontrolle über die DDR-Regierung; Führungsrolle der SED wurde aus der DDR-Verfassung gestrichen; Neuwahl der Volkskammer am 18. März 1990 beschlossen
- Neben Forderungen der DDR-Bürger nach Freiheit und Demokratie wurde zunehmend der Wunsch nach Wiedervereinigung laut („Wir sind ein Volk"); Sieg der konservativen „Allianz für Deutschland" im März 1990, die sich im Wahlkampf für eine zügige Wiedervereinigung und die Einführung der sozialen Marktwirtschaft eingesetzt hatte

C.2 Erläutern Sie die Hauptursachen für die Krise [...]

> HINWEIS Diese Aufgabe kann unterschiedlich gelöst werden. Wichtig ist vor allem die Aussagekraft der genannten Aspekte sowie deren strukturierte Wiedergabe.

Lösungsschritte zu Aufgabe C.2

1	Auf Konzeptpapier die Krisensymptome mithilfe einer Mindmap ordnen
2	Abwägen, welche Krisensymptome als Hauptursachen zu sehen sind; diese markieren
3	Die in Schritt 1 und 2 gemachten Notizen in einem strukturierten Text ausformulieren

Stichpunktlösung zu Aufgabe C.2

Außenpolitische Isolation

- Reformen des sowjetischen Parteichefs Gorbatschow (Perestroika und Glasnost): Während die anderen osteuropäischen Länder bereits mit der Adaption dieser Reformen begonnen hatten, wurde in der DDR ein „Sozialismus in den Farben der DDR" propagiert
- Dieses Konzept war jedoch außenpolitisch nicht schlüssig, weil die „sozialistischen Bruderstaaten" 1989 auch teilweise ihre Grenzen ins westliche Ausland öffneten
- Rücknahme der Breschnew-Doktrin und Rückzug der in der DDR stationierten sowjetischen Truppen erleichterten die Protestaktivitäten der Bürger und schränkten die Handlungsmöglichkeiten der DDR-Führung ein

Innenpolitische Glaubwürdigkeits- und Legitimitätskrise

- Die Fluchtwelle zahlreicher DDR-Bürger über die Grenzen Ungarns oder die Botschaften der BRD machte die Abkehr der Bürger von ihrem Staat deutlich
- Der Legitimität der DDR-Führung fehlte die Glaubwürdigkeit; die ideologisch vorausgesetzte Interessenidentität von Partei und Staatsbürgern beschränkte die Möglichkeiten einer Opposition; der Wahlbetrug bei den Kommunalwahlen 1989 stellte diese Identität und damit auch die Legitimation der SED radikal infrage
- Der gewaltige Überwachungsapparat der Staatssicherheit, der vor allem die eigene Bevölkerung überwachte, machte diese Interessenidentität fraglich
- Die Beschlüsse der Schlussakte von Helsinki (Menschenrechte und Grundfreiheiten) standen im Gegensatz zu den fehlenden Partizipationsmöglichkeiten außerhalb der SED

Drohender Wirtschaftskollaps

- Starker Anstieg der Staatsverschuldung durch langjährige Subventionspraxis, Fehlplanungen in der Planwirtschaft sowie Vorrang der Sozial- vor der Wirtschaftspolitik
- Erhaltung von Arbeitsstellen und Betrieben, die betriebswirtschaftlich nicht sinnvoll und unrentabel waren, um Arbeitslosigkeit zu vermeiden
- Versorgungsengpässe steigerten die Unzufriedenheit der Bevölkerung
- Belastung der Umwelt durch die marode Schwerindustrie (besonders durch chemische Betriebe und den Braunkohlebergbau); Fehlen einer offiziellen Umweltstatistik

TIPP Gehen Sie von den im Text genannten Punkten aus, die Sie mit Ihrem Wissen ergänzen.

C.3 Beurteilen Sie, inwieweit sich [...] vergleichen lässt.

HINWEIS Sie sollen eine Auswahl an Gemeinsamkeiten und Unterschieden aufzeigen und zum Schluss eine begründete Stellungnahme zur Vergleichbarkeit formulieren.

Lösungsschritte zu Aufgabe C.3

1	Tabellarisch Zielsetzungen und Merkmale der beiden Regime gegenüberstellen
2	In verschiedenen Farben Gemeinsamkeiten/Ähnlichkeiten und Unterschiede markieren
3	Auf diese Art vorstrukturiert einen Text mit einem abschließenden Fazit formulieren
4	Die eigenen Ausführungen zu allen Teilaufgaben auf sprachliche Richtigkeit und Verständlichkeit prüfen; Rechtschreibung, Zeichensetzung und Grammatik beachten

Stichpunktlösung zu Aufgabe C.3

Gemeinsamkeiten/Ähnlichkeiten zwischen DDR und NS-Staat

- Basierend auf der nicht unproblematischen Theorie des Totalitarismus lassen sich gewisse Ähnlichkeiten zwischen DDR und NS-Staat benennen
- Beide Staaten haben eine herrschende Ideologie, beide richten sich gegen die liberale Demokratie und lehnen politischen Pluralismus ab
- In beiden Staaten existiert keine Gewaltenteilung; Exekutive, Judikative und Legislative sind nicht unabhängig, sondern liegen in der Hand einer Partei oder eines Diktators
- Jeder Staatsbürger soll durch die Staatsdoktrin erfasst werden, der Einfluss der Partei wird auf das Privatleben ausgedehnt, es findet eine Indoktrinierung über die Presse und die Medien statt; zur Überwachung gegen Abweichler gibt es einen Geheimdienst
- In beiden Staaten fehlen Grundrechte und grundlegende politische Freiheiten, es existiert kein Minderheitenschutz bzw. keine wirksame Opposition

Unterschiede zwischen DDR und NS-Staat

- Beide Staaten unterscheiden sich in ihrer Ideologie sehr stark voneinander; der NS-Staat hatte einen völkischen Nationalismus als Staatsideologie; die DDR hingegen

basierte auf dem (internationalen) Sozialismus und wandte sich gegen den Nationalsozialismus
- Auch die wirtschaftlichen Systeme unterschieden sich grundlegend: Während in der DDR eine Sozialisierung des Eigentums (der Produktionsmittel) stattfand, war im NS-Staat der Privatbesitz weitgehend unangetastet geblieben
- Das rassische Moment der NS-Ideologie, das schließlich in der Vernichtung des Judentums gipfelte, hatte in der DDR keine Entsprechung
- Der SED gelang es nur mithilfe der Sowjetunion als Besatzungsmacht, eine Einparteiendiktatur in der DDR zu begründen

Fazit
Obwohl sich durchaus Gemeinsamkeiten bezüglich der Ausübung von Herrschaft und Gleichschaltung der Bevölkerung feststellen lassen, unterschied sich die DDR ideologisch doch ganz erheblich von der NS-Diktatur.

Schnell-Check Vorschlag C

Aufgabe	Thema/Aufgabentyp			Trainingstipps
C.1.1	Eine historische Quelle mit eigenen Worten zusammenfassen			Lesestrategien üben: ■ Schlüsselwörter, Überschriften, Sinnabschnitte markieren ■ Den Argumentationsgang (These, Beispiele) erkennen ■ Thesen des Autors strukturiert zusammenfassen
C.1.2	Eine Quelle in den historischen Zusammenhang einordnen			■ Zentrale Ereignisse für den betreffenden Zeitraum auflisten ■ Zeitlich ordnen, Quelle einbeziehen ■ Im Text ausformulieren
C.2	Hauptursachen für eine historische Entwicklung erläutern			■ Ursachen sammeln ■ Ursachen mithilfe einer Mindmap ordnen, Hauptursachen markieren ■ Im Text strukturiert ausformulieren
C.3	Zwei politische Systeme miteinander vergleichen			■ Vergleichskriterien finden ■ Gemeinsamkeiten und Unterschiede festhalten ■ Ausformulieren und mit einem Fazit abschließen